世界の
大学図書館

知の宝庫を訪ねて

立田慶裕
TATSUTA Yoshihiro

University Libraries in the world

明石書店

はじめに

　図書館をただの「本の集まった空間」とだけ思っていると、とんでもない目にあう。

　ハーバード大学のワイドナー記念図書館司書のマシュー・バトルズは、『図書館の興亡』という本の最初に、次のように書いている。

　　私がハーヴァード大学ワイドナー記念図書館で働き出したとき、これでたくさん本が読めると思ったのがそもそもの間違いだった。（中略）一冊の本との心温まるめぐり合いを夢見て図書館にやってきた読者は、おびただしい数の本、頁をめくったり表紙がこすれ合ったりする音、大量の本が集められている場所独特のつんと鼻を突く匂いなど、言語が物体化された現実に気づかされて愕然とする。もちろん、本が物であるという実感は、大きな図書館であればいっそう強い。そこでは堆積された書物の言葉の重みがそれなりの引力を発揮しているように感じられる（バトルズ、2003、邦訳 pp. 8-9）。

　1冊の本が何十万冊、何百万冊と収蔵され、配架されている図書館の世界には、何か特別のオーラがあり、宇宙がある。彼によれば、図書館、とりわけ大規模な図書館は、「単なる骨董品の陳列棚」ではなく「1つの世界」であるという。

　　包括的でありながら未完で、神秘に満ち満ちている。そこは世界に似て、人が決めた書物の優劣順位の永続性には無頓着の変化もあれば季節もある。読者の要望という強い引力によって、本は図書館から潮の干満のように出たり入ったりする（同、p. 12）。

図書館は呼吸している。図書館は、「本という一つの元素の無限の変異体によって構成されている」宇宙ではないか、と彼は表現する。

　おそらく、私たちが学校で最初に出会う図書館は、学校図書館である。その学校図書館は、小学校から中学校、高校と、教科の内容の専門化・高度化が進むにつれて、深く高度な知識や教材を備えていく。そして、大学図書館である。大学図書館は、学者や研究者そして学生の支援を行い、よりいっそうの専門的な学術研究と教育サービスの要としての役割を果たしている。また、大学には多様な学部があり、それぞれの多様な学問分野に必要な書籍や知識が集中的に保存されている。大規模な大学になれば、学部ごとに専門図書館が設置されていることもある。

　はるか昔からの大学図書館は、知の宝庫である。そこには金も銀も宝石もないが、世界各地のまた各時代の貴重な知的資産が眠っている。近年、公共図書館とともに、大学図書館も市民が利用できるようになりつつある。特に、インターネットを多くの人が利用できるようになってきたこの時代、日本だけでなく、世界の大学図書館の膨大な資料が多くの人々に公開されつつある。

　バトルズによれば、19世紀末から20世紀末にかけて、各国の大学、学術図書館の蔵書量は、百倍から千倍にまで増えたという（バトルズ、2003、邦訳 p. 15）。日本の場合、東京大学図書館の蔵書数は、明治10(1877)年に約5万冊であったものが、令和3(2021)年現在、総合図書館だけで約130万冊、27の部局図書館・室の蔵書数を加えると約1千万冊にまで増えている。東京大学だけでこれだけの冊数があり、日本全国、世界各国の大学図書館にはいったいどれだけの知識や情報が存在するのであろうか。

　20世紀末からのICTテクノロジーの発展は、電子書籍を含めて情報量や知識量の爆発的な増加を促してきた。知識量の増加だけではなく、学術研究の急速な発展は、知識の質の向上をもたらし、社会とテクノロジーの発展は、大学図書館に大きな影響をもたらしている。

　日本だけではなく、世界の図書館、とりわけ世界の大学図書館がどのような教育と研究のサービスを行っているか、そしてどのようにそのサービスを展開しているか、について知ることは、今後の大学の教育・研究活動の在り方や、さらには地域の生涯学習活動にとって重要な意味を持つと筆者は考えた。日本

図表1　大学の社会的課題とキーワード

大学の課題	キーワード
デジタル化	電子図書館、デジタルアーカイブと OER、デジタル教育、デジタルリテラシー、デジタルスカラシップ
グローバル化	国際的研究協働、留学生、多様な言語資料
持続可能な発展	持続可能な運営、アクセスの保証、パートナーシップ、資料のリサイクル、課題解決学習
地域文化の保存と創生	地方知の拠点、自治体との連携、人材養成、市民参加
人生 100 年時代の生涯学習	無形資産、変容資産、学び直し

や世界の大学図書館に眠る膨大な知識と情報を利用しない手はない。そこに眠る多くの宝から、私たちはもっと多くのことを学べるのではないだろうか。

　この関心から、筆者は『私学経営』という雑誌で「世界の大学図書館」と題した連載を通じて、世界の大学図書館の状況を探ってみた。その探究にあたって、本書では、次の 2 つの視点から大学図書館を捉えた。

　第 1 の視点は、大学図書館を組織として捉えることである。この組織は、しっかりした設備と施設を備えて書物を保管し、その書物の利用のために専門的な司書を配置し、大学の教育と研究に知的なサービスを提供している。ただ、この大学図書館という組織はまた、大学の目的や目標にしたがって活動している。当然、社会が大学に求める課題が大学図書館にも反映している。そこで、まずは大学に求められる社会的課題を図表 1 の 5 つに焦点化することから、大学図書館の計画や戦略を考えていった。

　さらに、第 2 の視点として、各大学が持つ独自の教育や研究の目標、ビジョンである。大学は、高等教育機関である以上教育組織として大学生を育てる教育の理念や使命、目標やビジョンを持つことは言うまでもない。多くの大学に共通する使命は、教育による優れた人材の育成と専門的な研究開発である。

　一方で、各大学には、医学、理学、工学といった理系の学問分野もあれば、人文学、教育学、法学、経済学、経営学などの文系の学問分野もある。これまで百以上の世界の大学について調べた論考によれば、各大学は、多様な学部を持ち、学生数や学部数に応じてその規模も異なるが、それでも、時代の変化によらない開学当初からの教育と研究の理念や使命がみられる（立田他、2018-2023）。

　大学は、時代に応じてその理念と使命をビジョンや計画として変容し具体化

していく一方で、独自の理念、使命、目標やビジョンを持つことがある。そして、このような大学の使命や目標、ビジョンとともに、大学図書館もまた、大学図書館なりの使命や目標、ビジョン、計画を持つ場合がある。

　この2つ、社会的課題に応じた大学の変容と、大学と大学図書館独自の使命やビジョン、計画の2つの視点から、大学図書館を考えることによって、それぞれの大学図書館の特性が浮かびあがるのではないかと考えた。各大学は、大学の開設からほぼ時間を経ることなく、学者や研究者が多くの専門的書籍やコレクションを集め、それぞれの大学図書館の活動が始まっていく。また、大学によっては、各国の納本図書館として指定されているものもあり、そこには大学だけではなく、国全体で刊行された書物もすべて収集される。その収集と活用の過程で、大学の理念やミッション、そして計画が大学図書館にどのような影響を与えるのだろうか。そこでは直接的な因果関係を実証できるわけではないが、図書館の目標や使命そのものが大学の理念、目標を反映している例も多くある。

　大学図書館は、上記のような社会的変化のなかで、とりわけ、21世紀に入ってからの知識創造社会において、大学生の学習活動や研究活動とともに、大学の研究者がどれだけ優れた教育や研究ができるか、新たな知識の創造活動や研究の開発という点で、さらに重要な役割を担っていく。

　平成22（2010）年の科学技術・学術審議会の審議のまとめ「大学図書館の整備について─変革する大学にあって求められる大学図書館像─」では、大学図書館の基本的機能が次のように述べられている。

　　　大学図書館は、大学における学生の学習や大学が行う高等教育及び学術研究活動全般を支える重要な学術情報基盤の役割を有しており、大学の教育研究にとって不可欠な中核を成し、総合的な機能を担う機関の一つである（科学技術・学術審議会、2010）。

　しかし、この大学図書館の働きは、学生や研究者にしか利用できないものではなく、世界の大学は、20世紀以降の大学開放の流れのなかで、その利用を社会に開放する動きが高まっている。日本もまたその例外ではなく、私たちの

身近な大学でも市民に開放される動きが現れてきている。学外者による大学図書館の利用は、単に学習の場として座席を借りるというだけではなく、市民の研究者や地域のリーダーによる専門的探究の場としての利用が促され、公共図書館を通じて、あるいはインターネットの発展のなかで地域への開放は進んできている。

　これまで専門図書館としてその門戸を閉じる傾向にあった大学図書館が、生涯にわたる市民の学習活動において、地域の市民図書館と連携しながら市民の専門的学習を支援する方向に動けば、地域の持続的な発展における大学図書館の重要性はいっそう増していくのではないだろうか。

　大学図書館の地域や社会への開放が、欧米の大学においてどのように進められてきたかという問題は、欧米の大学開放の歴史とも深く関わっている。その歴史的研究に入る以前に、まずは世界の大学図書館の現状そのものの把握と考察から始めることにしたい。

　本書では、まず第 1 章で、各国の大学図書館のつながりをみるために、国際的ネットワークを取り上げる。続く第 2 章から、オックスフォード大学図書館を皮切りに第 12 章のワシントン大学図書館まで、欧米のおもな大学図書館についてその特色を論じる。さらに第 13 章では、各大学図書館の特色を整理し、第 14 章で各大学に共通するおもなトピックとその課題についての考察を加えてまとめとする。

　筆者が訪問できたのは、オックスフォード大学図書館だけだが、ネットの活用によって各大学図書館を訪問し、そこに眠る宝を探っていくことにしたい。第 2 章から第 12 章までの各大学と各大学図書館については、読者のみなさんにも行ってみたいと思う大学から訪ねていただき、その大学図書館の魅力に触れていただければ幸いである。

　かつては象牙の塔とみなされてきた大学の壁を越えて、学生や大学の教職員、研究者だけではなく、市民による大学図書館利用、世界の大学図書館利用がもっと進むための一助に本書がなれば幸いである。

　2024 年 3 月

立田慶裕

参考文献

・Battles, M., 2003, *Library—An Unquiet History*, W. W. Norton & Company［白須英子訳『図書館の興亡──古代アレクサンドリアから現代まで』草思社、2021］

・立田慶裕他、2018-2023「世界の大学に見る学習　第1回〜第110回」『文部科学教育通信』No. 437-554

・科学技術・学術審議会（学術分科会研究環境基盤部会学術情報基盤作業部会）、2010「大学図書館の整備について（審議のまとめ）─変革する大学にあって求められる大学図書館像─」文部科学省 https://www.mext.go.jp/b_menu/shingi/gijyutu/gijyutu4/toushin/1301602.htm（2023年6月30日取得）

世界の大学図書館

知の宝庫を訪ねて

目次

第1章
変貌する世界の大学図書館
ネットワーク

1. 世界の大学図書館の考察に向けて

　国際的な大学図書館の現状を知るためには、大学図書館についての統計的な事実を押さえておく必要がある。大学図書館の統計は、大学の国際的な統計に準じると考えたが、筆者がユネスコや世界銀行、OECD など国際機関の統計を調べた限りでは、国際的な大学の統計そのものが十分に整備されていない。

　その原因は、各国における大学、あるいは高等教育機関そのものの定義が各国の制度によって異なるとともに、国によっては未だ不十分な統計的環境にあるから、と考えられる。

　2023 年版の webometrics によれば、世界の高等教育機関数は 32,000 を超えている。最も大学数が多いのはインド（約 5,300）であり、インドネシア（約 3,300）と米国（約 3,200）、中国（約 2,500）が続いている。ブラジルやメキシコ、そしてロシア連邦が約 1,000 となっている。

　同統計によると、日本も約 990 校となっているが、これは高等教育機関数であり、2020 年度の文部科学省の統計によると、日本の大学数は 801、大学図書館数は分館や部局図書館・室を含めて 1,533 となっている（図表 1）。

　この表からみる限り、日本の場合、国立か私立かによらず、大学数に応じて中央図書館があるが、その分館や部局図書館・室は公立大学や私立大学ほど少ない状況にある。

　米国の統計から、米国の大学図書館（academic libraries）をみると、2016 〜 2017 年で 3,944 館となっている。そのうち、国公立図書館が 1,559 館で、私立が 2,385 館である。前述の大学数約 3,200 からみると、約 700 〜 800 館が分館

図表1 日本の大学図書館統計

(2020 年度学術情報基盤実態調査 大学図書館編 2020 年 5 月 1 日現在)

	大学数	中央図書館数	分館数	部局図書館・室数	大学図書館数合計
国立大学計	86	86	85	116	287
公立大学計	94	94	39	13	146
私立大学計	621	621	279	200	1,100
総計	801	801	403	329	1,533

図表2 米国の大学図書館の変化

(出典) Digest of Education Statistics 2019,U.S. Department of Education

	1991 ～ 1992	2001 ～ 2002	2011 ～ 2012	2014 ～ 2015	2015 ～ 2016	2016 ～ 2017
図書館数	3,274	3,568	3,793	4,134	3,999	3,944
設置率	—	85.0	80.6	90.2	91.7	91.4

図表3 世界の図書館の種別

(https://librarymap.ifla.org/、2021 年 10 月 31 日取得)

種別	計	年
国立図書館	351	2021
学術図書館	95,170	2021
公共図書館	406,815	2021
地域図書館	25,193	2020
学校図書館	2,100,000	2021
その他	37,536	2021

もしくは部局図書館・室とみられる。この大学図書館数の変化をみたものが図表2であるが、1990 年代に約 3,300 館であったものが、2010 年代には約 3,800 館にまで達しており、その数が増加している。

　図書館職員や図書館研究者が参加する代表的な国際図書館組織としては、IFLA（国際図書館連盟）がある。IFLA は、1927 年にスコットランドで設立され、当初は、欧米がおもな加盟国であったが、1930 年代以降、中国、インド、日本などのアジア各国、南米諸国が加盟し、オランダに本部を置き、2021 年現在は 150 か国以上が加盟する大規模な図書館連盟である。

　IFLA は、毎年 IFLA 世界図書館および情報会議（年次大会）を後援し、社会的、教育的、文化的、民主的、および経済的エンパワーメントのための情報、アイデア、想像力への普遍的かつ公平なアクセスを促進している。この組織の加盟国一覧から、大学（学術）図書館数をみると（図表3）、世界で約 95,000 の大学図書館がある。学校図書館が約 210 万であり、公共図書館が約 40 万である

が、大学図書館は公共図書館の約4分の1の数となっている。ただこの数字は、あくまで IFLA に各国から報告された数字にすぎない。また、この数字からは、国立大学や私立大学の図書館数がどれくらいかは、把握できない。

　大学図書館は、そのまま英語になおせば university library であるが、ここには、多くの研究を主たる目的とした research library、すなわち研究図書館と academic library、すなわち学術図書館の2つのものが含まれている。

　20世紀末以降、インターネットの発展が、大学図書館の国際的なネットワークを多く形成してきている。大学は、教育と研究を主たる目的としているが、その目的に応じてどのように多様なネットワークが形成され、それぞれのネットワークがどのような使命や戦略をもっているのか、まずは主要な大学図書館の協会や連合のネットワークの状況を概観していきたい。

2. 主要な国際大学図書館協会

(1) 国際図書館コンソーシアム連合

　1996年に誕生した国際図書館コンソーシアム連合（The International Coalition of Library Consortia, ICOLC）は、その名称からは、大学図書館以外の図書館を含むように思われるが、実際にその会合への参加報告をみるかぎり、その会員の多くは大学図書館から構成されているとされる（矢野恵子他、2017）。コンソーシアムとは、大学や企業といった組織が共通の目的をもって作る共同体である。

　ICOLC は、Consortium of Consortia という当初の名称に表れているように、世界のコンソーシアムのコンソーシアムという性格をもっており、各国の図書館協会のさらなるつながりを作っている NGO（非政府組織）である。

　北米、南米、アジア、ヨーロッパ、オーストラリア、アフリカの各国の図書館コンソーシアムなど世界から200か国以上の代表が参加し、年2回おもにヨーロッパと米国で大会を開催しているが、その大会の内容は、特に電子資料のライセンス契約に関する出版社との交渉に関わる問題が中心テーマとなっている。ただ、近年は出版社との交渉問題や電子ジャーナルの問題だけでなく、オープンアクセスやコンソーシアムの共通課題の問題も取り扱われるようになってきている。

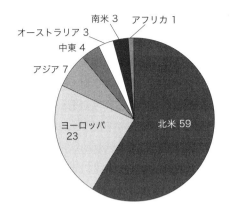

図表4 国際図書館コンソーシアム連合
(ICOLC) 所属組織の地域分布（%）
（Feather, 2015 より作成）

　図表4は、同連合に所属する組織の地域別分布を見たものであるが、北米が半数以上、6割を占め、ヨーロッパが23%、アジアが7%の比率となっている。

　日本では2011年に、国立大学図書館協会コンソーシアム（JANUL コンソーシアム）と公私立大学図書館コンソーシアム（PULC）との連携による新たなコンソーシアムとして、大学図書館コンソーシアム連合（Japan Alliance of University Library Consortia for E-Resources, JUSTICE）が生まれている（守屋文葉他、2011）。その名称に E-Resources、つまり「電子資源のために」と題されているように、同組織は、国立情報学研究所（NII）の協力のもと、電子ジャーナル等の電子リソースに係る契約、管理、提供、保存や人材育成等を通じて、日本の学術情報基盤の整備への貢献を目的としている。2021年10月現在で国立87館、公立79館、私立374館、その他15館の555館が会員となっている。

(2) 国際大学図書館協会

　国際大学図書館協会（International Association of University Libraries, IATUL）は、当初、ドイツ、デュッセルドルフに本部を置き、1955年に理工系大学の図書館司書の国際協会として始まった。情報サービスや資源管理に責任を持つ図書館管理職が代表となって集まった図書館のボランティアによる国際的な NGO であった。しかし、2009年の理事会で国際科学工学大学図書館協会へと名称を変更し、さらに、2014年のヘルシンキ大会で、理工系以外の大学図書館も含めることとなった。この変化は、大多数の組織が総合的な大学に所属していることを反

映している。

　2020 年度末で、70 か国以上の国々から、300 以上の図書館が参加しており、毎年ヨーロッパに限らず、カナダやシンガポール、南アフリカ共和国など異なる国々で大会が開催されている。

　国際大学図書館協会は、その使命を大学レベルの研究によって支えられる高度な高等教育の実現に置き、知がもたらすグローバルな社会の発展をめざしている。大学教育が、学習プロセスの向上以上のものであるとし、世界規模での人類の発展の重要な要素としている。高度に教育された個人は、地域経済を動かす能力と分析的なスキルを伸ばすだけでなく、一国の政治的経済的関心を越えた展望力を持ち、その多文化にわたる理解が世界の社会的安定に貢献すると考えられている。

(3) 国際研究図書館協会連合

　国際研究図書館協会連合（International Alliance of Research Library Associations, IARLA）は、メンバーのための協働的なプラットフォームであり、自発的に国際的な研究図書館の課題や開かれたスカラシップのために支援し合う連合である。この連合体は、5 つの研究図書館組織から構成され、会員の地位にかかわらずインフォーマルなネットワークを形成することを重視する。その活動は、研究や学問的な交流における開放性の価値を認めて支え合うこと、協働の活動を通じて研究の戦略や政策、成果への重要な貢献を行うこと、情報共有を促して適切で最善の実践やイノベーティブな実践を促進することにある。

　この連合は、

　① カナダ・米国研究図書館協会（The Association of Research Libraries）
　② カナダ研究図書館協会（Canadian Association of Research Libraries）
　③ オーストラリア大学図書館会議（The Council of Australian University Librarians）
　④ 欧州研究図書館協会（Ligue des Bibliothèques Européennes de Recherche, LIBER）
　⑤ 英国研究図書館コンソーシアム（Research Libraries UK, RLUK）

の 5 つから構成されている。

このうち、欧州研究図書館協会（LIBER）は、EC の後援の下に 1971 年に設立された協会である。現在は、40 か国以上が加入し、約 450 以上の図書館のネットワークによる協働活動を展開しており、大学や EU の持つ課題をテーマとして研究図書館の在り方を検討し、会議やワークショップ、セミナーの開催を通じて図書館指導者を養成している。

　また、英国研究図書館コンソーシアム（RLUK）は、英国とアイルランドの重要な研究図書館をリードするコンソーシアムであり、1983 年設立時はケンブリッジやオックスフォードなど 7 つの大学図書館から構成され、現在は約 40 弱の研究図書館メンバーが参加している。研究者養成と研究過程そのものを重視し、研究図書館の課題を明確にするとともに知識社会への貢献、特にオープンな社会の実現をその目標として、課題別のネットワークを構成している。

　大学図書館の国際的な協会には、欧米を中心とするものが多く、米国では 1876 年に設立されたアメリカ図書館協会 ALA（American Library Association）にも多くの大学図書館が所属している。4,000 近い大学図書館を有する米国については稿を改めて紹介することにし、ここでは、以上の協会や連合のうちから、大学図書館の戦略を明確に示しているものをいくつかみておこう。

3. 国際的な図書館協会の戦略

（1）IFLA の戦略

　IFLA は、そのホームページにおいて、強力で統合的なグローバルな図書館の領域は、読解力を向上し、豊かな情報をもたらす参加型の社会の力となるという使命を掲げている。

　　私たちのビジョンは、自分たちが未来を創り出すために働いているという世界を生む。IFLA と図書館界にとっては共に私たちがなすことすべての方向づけとインスピレーションを提供しながら、その活動にわたり参考となるような観点を提供していく。世界の図書館界にインスピレーションを提供し、参加し、可能性を高め、つながりを創っていく。私たちのビジョンや使命、そして広い戦略が IFLA のグローバルなビジョンの果実である。

そのビジョンには、図書館界についての強みと弱みに関する 190 か国以上の国々とすべての大陸の多くの声が活かされてきた。私たちの使命を普及するうえで次の 4 つの分野に、私たちの戦略的方向性は焦点を当てる。

その 4 つの分野とは、図書館のグローバルな声を強化すること、専門的な実践を鼓舞して向上すること、図書館界の絆を作りつなげていくこと、そして、自分たちの組織を最適化することである。

IFLA は、ほかのコンソーシアムと連携しながら、さらに多くのプログラムを展開する方向にある。たとえば、その 1 つとして "Knowledge Rights 21" がある。この「知の権利 21」は、オープンアクセスを主として活動する SPARC（Scholarly Publishing Academic Resources Coalition）と欧州研究図書館協会と共同で行われるものであり、すべての知の権利の強化を目的としてヨーロッパ全体での法制や実践の変化を目的としたプログラムである。知もしくは知識が教育やイノベーション、そして文化的な参加にとって重要なものであり、誰もが図書館やアーカイブの利用を通して自分たちの知を強化する可能性をもつべきだという確かな信念に基づいて行われるプログラムである。

(2) 英国研究図書館コンソーシアム

この協会は、2008 年に「英国研究図書館コンソーシアム」と改名し、「知の力」計画の第 1 段階に着手した。そこでは、次の 6 つの目標を挙げている。

① 研究図書館人材の開発
② 新たな研究情報基盤の構築
③ 資源の発見と普及
④ デジタル化
⑤ 価値の明示化
⑥ 図書館効果の増大

さらに、2011 年「知の力」計画の第 2 段階における目標は、次の 5 点である。

① 研究図書館モデルの見直し
② 費用削減と品質改善のための協働
③ 倫理的で効果的な出版の具体化
④ 独創的で特徴的なコレクションの促進
⑤ 研究データマネジメントにおける図書館モデルの形成

　続く 2014 〜 2017 年にかけては、「スカラシップ（学識）の向上」に焦点を当て、すべての学問において、情報社会の変化に対応させ、研究とイノベーションのために図書館の開発をめざす。希少本、写本やアーカイブの収集を通じて文化的な遺産の豊潤化を行うために、

① 収集的アプローチ
② オープンなスカラシップ（研究のアウトプットのための新たな環境創造）
③ 収集物の公開
④ 変化する研究環境の位置づけ（研究と研究者の訓練のための研究図書館像の模索）
⑤ 創造的なコミュニティ（図書館を通じたリーダーシップ、イノベーション、スキルの養成）

を行う。
　2018 〜 2021 年には、前年までのスカラシップに再び焦点を当て、「スカラシップの再形成」をめざす。オープンスカラシップと収集的アプローチを中心に、研究、収集のイノベーション、文化的変化を具体的な行動へと移していくとしている。

（3）LIBER 欧州研究図書館協会

　LIBER の目的は、国際規模の研究への貢献を「協働」と「包括性」のもとに行うことにある。LIBER の各組織が国際レベルの研究ができるようにするため、ヨーロッパ内外の 450 以上の国際的な大学と図書館のネットワークにおいて、目標を明確に指向した連携を形成していく。著作権の改革、デジタル人文学や

図表 5　欧州研究図書館協会
（LIBER）の戦略
（https://libereurope.eu/strategy/、
2021 年 10 月 31 日取得）

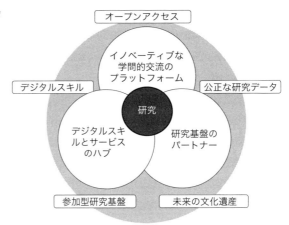

図表 6　おもな国際大
学図書館ネットワーク
（ す べ て 2021 年 10 月
31 日取得）

国際図書館連盟（IFLA）（https://www.ifla.org/）
国際図書館コンソーシアム連合（ICOLC）（https://icolc.net/）
国際大学図書館協会（IATUL）（https://www.iatul.org/）
国際研究図書館協会連合（IARLA）（https://iarla.org）
カナダ・米国研究図書館協会（ARL）（https://www.arl.org）
カナダ研究図書館協会（CARL）（https://www.carl-abrc.ca）
オーストラリア大学図書館会議（CAUL）（https://www.caul.edu.au/）
欧州研究図書館協会（LIBER）（https://libereurope.eu）
英国研究図書館コンソーシアム（RLUK）（https://www.rluk.ac.uk）
Knowledge Rights 21（https://www.knowledgerights21.org/）

　オープンアクセス、研究データのマネジメントを含む 2022 年の研究図書館の
ビジョンとして、デジタル時代の持続的な知識を強化するために、図表 5 の周
囲に示した 5 つの役割を重視する。また、円内に示した 3 つの戦略は、各役割
を方向づけるものであり、イノベーティブな学問的交流、デジタルスキルとそ
のためのハブとなること、そして、研究基盤のパートナーシップを形成してい
くことである。

　IFLA では、図書館界全体の方向づけのなかでいくつものプロジェクトが実
施され、続けて紹介した 2 つの研究図書館協会の戦略は、21 世紀における大
学図書館の今後の方向性を示しているが、その戦略はほぼ 5 年未満のうちに針

路が書き換えられている。コロナ禍のような国際的危機を受け止めながら、大学図書館は、急速に変化する時代に応じて大学で学ぶ若者や研究者の期待に応えるサービスがさらに求められている。その変化についての各国の状況を、さらに詳細に述べていくことにしたい。

参考文献
・守屋文葉他、2011「大学図書館コンソーシアム連合（JUSTICE）〜現在の活動と将来の展望〜」『大学図書館研究』vol. 93 (0)、pp. 42-51
・矢野恵子他、2017「国際図書館コンソーシアム連合（ICOLC: International Coalition of Library Consortia）－ 2016 年会合参加報告－」『大学図書館研究』vol.107、pp. 1708-1 〜 7
・Phan, T. *et al.*, 2014, "Academic Libraries: 2012 First Look," National Center for Education Statistics
・Celeste, Feather, 2015, "The International Coalition of Library Consortia: origins, contributions and path forward." *Insights* 28, no. 3, pp. 89–93.
・Okerson, Ann. 2016, "Reflections about Consortia-world." *Against the Grain* 28, no. 1. https://www.webometrics.info/en/distribution_by_country（2021 年 10 月 31 日取得）

関連ウェブサイト
・webometrics, https://www.webometrics.info/en/distribution_by_country

第2章
オックスフォード大学の図書館
チュートリアル制度

1. イノベーションの事例分析の枠組み

(1) 大学図書館の学習環境

　筆者は、OECD のイノベーション教育研究の第 1 段階に相当する著作『学習の本質——研究から実践へ』のあとがきにおいて、OECD が各国のイノベーション教育事例を分析するさいの枠組みについて述べたことがある（立田、2013）。

　その分析枠組みでは、最初に学校というミクロな学習環境を、4 つの次元（学習者、教師と学習専門家、内容、施設と技術）から考察している。

　さらに、第 2 段階の研究は、もう少し大きな学習環境として地域を含めた 5 つの次元（学習者、教育者、学習内容、資源、組織）の分析を行っている。この研究では、世界各国の教育イノベーションを収集して、150 以上のシステム分析、40 以上のイノベーションテーマの研究を行い、学習環境を学校だけに限らず、学習に関わる組織を広くとらえている。この研究の特徴は、イノベーションを単なるテクノロジーの活用だけにとどまらず、多様な類型の学習スペースや学習の資源、学習内容、学習者、教育者を使った場合、どのようなイノベーションが行われているかを各事例で分析している。

　その後の「実装と変化」では、実践への活用を図っていくことがめざされている。望ましい変化をもたらすような実践から、国や地域、組織や団体、国際機関が取り組む政策レベルの研究である。

　この各レベルの研究を参考にして作成したのが図表 1 である。前章では世界の大学図書館をめぐるネットワークの動向についてふれたが、ここからはこの図表 1 の枠組みも参考にしながら、各国の大学図書館について述べていくこと

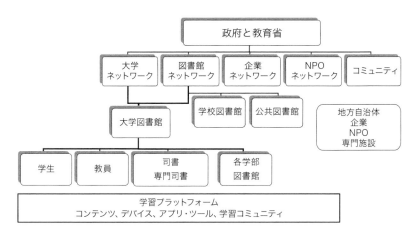

図表 1　大学図書館の学習環境とその構成要素

にしたい。

　各国においては、それぞれの国の教育やデジタル化政策がある。また、大学図書館は、大学の教育の特徴をふまえながら、図書館司書、そして各学部の専門司書や図書館スタッフが学生や大学教員に図書館サービスを提供している。さらに、図書館をめぐる学習環境として、各大学が存在する地域の企業や自治体、民間団体がある。各国で取り上げる大学は、大学の特性（教員と学習者、学習コンテンツや方法、資源や学習成果）や図書館の独自性をふまえながら選んでいくことにしたい。そこには、各国で、あるいは大学で共通する特徴もあれば、独自の展開を図っている事例もある。

　大学図書館が提供するサービス内容の課題について、筆者は「大学図書館のイノベーション──5つの戦略」として次の5点にまとめたことがある（立田、2021）。

① ICT 技術の発展に伴う情報や書籍のデジタル化
② グローバル化による外国人学生の増加に応じた多様な言語情報の必要性
③ 地球の持続可能な発展をめざす SDGs の達成
④ 地域コミュニティの文化の保存や創造、地方創生への大学の貢献
⑤ 学び直し政策に代表される人生 100 年時代の生涯学習機関としての大学

　本書でもこの 5 つの課題が各国の大学図書館でどのように提供されているか
に注目しながら、図表 1 に示した各要素からの特徴をピックアップして検討し
ていくことにしたい。

(2) デジタル化する図書館の学習環境

　各国の大学図書館を取り上げるうえで、さらに難しい点は、資料や図書館の
電子化、そして多様なネットワークがもたらす大学図書館への影響である。図
書館のデジタル化がもたらす影響としては、オープンエデュケーションの進展
とオープン教育リソース（OER）、そして電子書籍の課題が含まれてくる。

　たとえば、重田（2016）は、「オープンエデュケーション」とは、「教育を学
校や大学など教育機関の枠を越えて『オープン（開く）』にすることを指す」
としている。また、彼は、オープンエデュケーションにかかわる活動を「コン
テンツ」「プラットフォーム」「デバイス」「コミュニティ」に分類したうえで、
さらに、オープンエデュケーションがオープンにする要素を、「アクセス」「ラ
イセンス」「シェアリング」の 3 つであるとしている（重田、2016: 3）。

　また、ヨーロッパの各大学の専門家の協力を得て行われたオープンエデュ
ケーションに関する EC の研究レポート（2016）では、オープンエデュケーショ
ンを 10 の次元、つまり、

　① アクセス
　② コンテンツ
　③ 教育法
　④ 認知
　⑤ 協働
　⑤ 研究
　⑦ 戦略
　⑧ テクノロジー
　⑨ 質
　⑩ リーダーシップ

プラットフォーム (WEB、LMS)
コンテンツ (テキスト、画像、動画)
デバイス (パソコン、iPad、スマホ)
アプリ・ツール (ブラウザー、各種アプリ)
学習コミュニティ (SNS、サークル、組織)

※ECによる分析枠組み
コアな次元 (アクセス、コンテンツ、教育法、認知、協働、研究)
横断的な次元 (戦略、テクノロジー、質、リーダーシップ)

の次元から分類したうえで、さらに、大きく 2 つの分類、

① コアの次元 (アクセス、コンテンツ、教育法、認知、協働、研究)
② 横断的次元 (戦略、テクノロジー、質、リーダーシップ)

から分析している。

　この分類では、前者が「何」をオープンにしているか、後者が「どのような」
方法でオープンにしているか、という視点に立っている (Dos Santos *et al.*, 2016:
5-7)。

　そこで、筆者なりに重田の視点を参考にしつつ、図表 2 に示したように、さ
らにそこにデータベースや検索のアプリを加えることで各大学の電子図書館の
特徴をみていきたい。しかし、本章ではこれらすべてを分析するわけにはいか
ないため、特に各大学の電子図書館で際だった特徴のみを検討していくことに
したい。

2. オックスフォード大学図書館

(1) オックスフォード大学

　2021 年の TIMES Higher education の世界大学ランキングで 5 年連続 1 位となっ
た英国のオックスフォード大学は、その入試問題のおもしろさでも知られ、成
人教育研究者にとっては大学拡張講義に早くから取り組んだ大学としても知ら
れる。

　オックスフォード大学は、12 世紀後半に多くの学生や住民がオックスフォードという街を形成していくことから始まったとされている。1209 年には大学が一度閉鎖されて、一部の教授陣や学生がケンブリッジに移住してケンブリッジ大学ができた。13 世紀には多くのカレッジ群が作られ、1249 年から 1264 年にバリオルとマートンカレッジが中心となって大学が形成された。

　大学出身者には、13 世紀以降のイギリスだけでなく、世界の政治や文化、経済を支えるリーダーが数多くいる。ロジャー・ベーコン、トーマス・モア、エラスムス、アダム・スミス、ジョン・ロックといった学者に加えて、19 世紀には文学者オスカー・ワイルド、歴史家アーノルド・トインビー、芸術家ウィリアム・モリス、サー・トーマス・ビーチャム、20 世紀には『指輪物語』で有名なトールキン、インドのインディラ・ガンジー元首相、レスター・ピアソンやアウンサン・スーチーといったノーベル賞受賞者、日本の今上天皇陛下、物理学者スティーブン・ホーキング、クリントン元米国大統領、オーストラリア連邦元首相マルコム・フレーザーやトニー・アボット、ケン・ローチ監督など、世界を動かす人々を輩出してきた。

　コリン・ジョイスの『なぜオックスフォードが世界一の大学なのか』によれば、その学生の優秀さは、「一流の学者による個人レッスン」の制度、チュートリアル制度によって育まれている。

　　　オックスフォード生の日々の中心をなすのが、チュートリアル（個別指導）
　　　だ。すべてがこれを中心に回っている。（ジョイス、2018: 58）

　オックスフォード大学のウェブサイトによると、チュートリアル制度とは、「オックスフォードの主たる教育が、2、3 人の学生とそのチューターとの間の対話を基本としている。チューターとは、学生が学ぼうとするトピックの専門家である。この方法はチュートリアル（個別指導）と呼ばれ、自分の課題について深く話し合い、課題についての個人的なフィードバックを得られる機会となっている」（立田、2018）。

　オックスフォード大学の用語辞典によれば、「チュートリアル」とは、オックスフォードの教育の中心であり、アカデミックな専門家から個別の指導を受

けられる貴重な時間である。

　毎週 1 つもしくは 2 つのチュートリアルをそれぞれのカレッジで受ける。だいたい 1 回 1 時間程度が学生に与えられる時間であり、学生 1 人に 1 人もしくは 2 人のチューターが付き、その学生個別のトピックの課題について学生が準備して発表を行い、指導を受ける。チューターとは、個人的に学生を教える立場にある人を指し、科目の専門家を意味するが、必ずしも教授に限らず、フェロー、研究員、大学院生の場合もある。

　各チュートリアルで新しいトピックが課され、トピックの討論が行われる。チュートリアルの終わりには、次週の課題が与えられ、学生が、文献を収集し、深く読み込み、論文としてまとめるなどその準備をしてこなければならない。次週までに 1 人で完璧にその宿題を行うことが期待される。

　その対話は一方通行ではなく、アイデアをチューターと述べあい、自分の意見を述べ、批判を受け入れ、傾聴することが求められる。講義では得られない定期的で厳密な学問的討議が行われる。新たな視点を見つけ、発想を伸ばす理想の方法とされている。自分自身の考える力が問われるのである（立田、2018）。

　学生の学習は、チュートリアルに加えて、各コースで毎週、セミナーや講義、ラテン語などの語学クラスも受けられるが、アカデミックなチューターとの学習時間が中心となって展開される。このチュートリアル学習を支える学習環境の秘密が、大学図書館にある。各学生は、毎週大量の学習を行うが、その学生の学習要求に応えるだけの十分な知的資源を大学図書館が保証している。

(2) 大学図書館
1) 大学図書館の概要
　オックスフォード大学は 38 のカレッジから構成されており、各カレッジが図書館を持っている。オックスフォードにはカレッジ図書館を含めて 100 以上の図書館がある。

　オックスフォードの図書館サービスの中心的な存在は、ボドリアン図書館（Bodleian Library）である。

　ボドリアン図書館は、17 世紀初頭に収集物の減少が問題となったデューク・ハンフリー図書館を受け継ぎ、学者兼外交官のトーマス・ボドリーが図書館蔵

図表 3　オックスフォード大学内の大学図書館
（ボドリアン図書館ウェブサイト記載のもののみ）

	ボドリアン図書館	中央図書館、1602 年にトーマス・ボドリーが開設
1	ボドリアン・オールド図書館	デューク・ハンフリー図書館
2	ジョン・ラドクリフ病院内ケアンズ図書館　※	ボドリアン・ヘルスケア図書館の 1 つ
3	教育図書館	教育学部内
4	英語学部図書館	1914 年開設
5	ガードストン記念図書館　※	ニューフィールド整形外科センター（NOC）
6	医薬史図書館	オックスフォード科学・薬学・工学史センター
7	ホートン病院図書館	ホートン一般病院内
8	日本研究図書館	日産日本研究センター内
9	KB チェン中国センター図書館	中国研究の図書館
10	ナレッジセンター　※	ボドリアン・ヘルスケア図書館の 1 つ
11	ラテンアメリカセンター図書館	ラテンアメリカセンター
12	法律図書館	研究図書館
13	レオポルドミューラー記念図書館	オックスフォードヘブライユダヤ研究センター内
14	音楽学部図書館	音楽学部内
15	ナイザミガンジャビ図書館	オリエンタル研究図書館
16	哲学・神学部図書館	哲学部、神学・宗教学部内
17	ラドクリフ・カメラ	歴史学部図書館内、1749 年、カメラは部屋の意味
18	ラドクリフ科学図書館	科学教育と研究の図書館
19	リューリーハウス継続教育図書館	大学継続教育学部内
20	サックラー図書館　※	ボドリアン・ヘルスケア図書館の 1 つ
21	セインズベリー図書館	ビジネス・経営系図書館
22	シェラーディアン植物分類学図書館	植物学部内
23	社会科学図書館	社会科学の教育・研究図書館
24	テイラー研究図書館	社会文化人類学研究所内ヨーロッパ言語研究
25	タイラー図書館	人類学・博物館民族学スクール内
26	ビアー・ハームスワース図書館	ロザーモア・アメリカン・インスティチュート内大学学長米国史研究コレクション
27	ウェストン図書館	ボドリアン図書館特別コレクション内
	ボドリアンヘルスケア図書館（※印の図書館）	

書の収集に力を注ぎ、書籍出版業界との合意を得て収蔵量を増やすなかで拡充して誕生した。400 年を超える歴史を持つ図書館である。

　「ハリー・ポッター」の映画では、ホグワーツ魔術学校の図書館のロケ地として、また映画やミステリードラマ（「モース警部」シリーズなど）の多くのロケ地として提供される理由は、この図書館が中世の雰囲気やミステリー感をそのまま保存しているからである。

写真 1　ボドリアン図書館
Txllxt TxllxT/Wikimedia Commons, CC-BY-SA 4.0

　また、同図書館は、イギリスで大英図書館に次ぐ規模の図書館である。納本
図書館には、その国で流通するすべての出版物が義務的に納入されることに
なっているが、同館は英国の 6 つの納本図書館の 1 つでもある。

　2019 年現在で蔵書冊数は約 1300 万冊、電子ジャーナルや収集物も 8 万点を
超え、図書館の運営を 400 人以上の職員が行っている。

　この図書館に属する図書館を図表 3 に示した。

　ボドリアン・オールド図書館は、旧図書館として現在ではデューク・ハンフ
リー図書館内に設置され、多くの観光客を呼んでいる。この表によると、医療
系の図書館として、4 つの図書館がボドリアン・ヘルスケア図書館として統合
されている。

　また、日本研究図書館は 1993 年に開館し、その収蔵物には 17 世紀まで遡る
ものがある。1955 年に日本研究が大学で開始され、国の日本語出版物総合目
録を形成するプロジェクトに当初から参画、ボドリアン図書館内の日本語・日
本研究資料の目録業務も行いながら、多くの日本語資料の検索ができる。

写真2　デューク・ハンフリー図書館
ボドリアン・オールド図書館の閲覧室。
Diliff/Wikimedia Commons, CC-BY-SA 3.0

　各国を対象とした専門図書館としては、中国やラテンアメリカ、東洋研究、
ヘブライユダヤ研究、米国史研究のための図書館がある。

2）ボドリアン図書館の政策
　2018年から2022年にかけての戦略の説明パンフレットでは、「知識の共有
と学問への刺激」という標語が示されている。
　主要な目的は、第1に、オックスフォード大学が学問の教授と世界規模の研
究の最先端に立ち続けることを保証すること、第2に、社会のための情報と図
書館界の幅広い発展のリーダーとして貢献すること、第3に、図書館の持続的
な活動を提供することである。そのための6つの主要方針は次のように構成さ
れている。

　① パートナーとしての図書館：教育支援、開かれた学問、データを主とす

る学問支援、研究に伴う公共参加、カレッジとのパートナーシップがある。

② コレクション：アーカイブや収蔵物のオープン化、研究と教育のデジタルコンテンツの提供。ボドリアン図書館の収蔵物は、歴史や文学の研究者にとって宝庫であり、マグナカルタの写本、15 世紀のグーテンベルク聖書、シェークスピアの初期作品集、『指輪物語』のトールキンの著作など数多い。新しい図書館用のマネジメントシステムの導入。デジタル収蔵物の発見可能性の向上。

③ 図書館スペースとインフラ：教育部門や研究部門との協働によるスペースの共有化。環境の持続可能性の向上。デジタル基盤の確立。

④ アクセス・社会参加・アウトリーチ：全学部生や大学院生の研究と学習のための開館時間の配慮。学校教育への協力。大学の教職員や学生、オックスフォードの博物館や植物園などの大学施設と協力し、オックスフォードシャー地域の学校や諸外国への観光サービス、図書館ツアーの事業が試みられ、デジタル利用のためのウェブページ構築サービスとして、Oxford Mosaic が提供されている。

⑤ 図書館職員養成：21 世紀の図書館司書養成を行うとともに、その採用にあたっては多様性を考慮する。

⑥ 財政：効率性を重視する一方で、寄付行為の向上を図り、収入創出に努める。

　ボドリアン図書館のデジタル化はかなり進み、一定の年代以降の文献がオンラインで閲覧でき、検索とオンラインサービスの向上が図られている。オックスフォード大学の図書館情報システムは、ボドリアンの図書館電子サービスとして統合されており、また、図書館のデータベース一覧表には、ボドリアングループのすべての図書館、大学のカレッジ図書館や研究図書館を含んだ電子カタログを提供する SOLO（Search Oxford Libraries Online）が用意されている。2015 年には、デジタル画像のオンラインサービス Digital Bodleian が開設され、10 万点以上の画像資料の提供が始まっている。

　このようなデジタル化の進展に応じて、その利用者である学生にはどのような利用のスキルが求められているのであろうか。

3) 図書館利用スキル

　オックスフォード大学の学生に求められる図書館利用スキルは、図書館研修プログラムで提供されるが、そこでは、基本的に次の 3 つが主要なスキルとなっている。

① 読解スキル：第 1 頁から章を追って読むよりは、トピックに関連したキーワードを拾い、各章の構成を見て、要約する力である。この方法が速読力を高め、著者の考えに深く入ることができるとしている。

② ノートテイキングの力：書籍を単純に読むだけではなく、重要点を書き留めることが重要である。論旨の把握は、スローリーディングをするさいの理解を深める。引用においては、必ず頁番号を記録し、選んだ引用部を明記すること。要約においては、自分の言葉を用い、不慮な盗用を避けることが重要である。マインドマップ法やコーネルノート法も活用できる。

③ 情報リテラシー：大学を含めて社会がデジタル化するなかでは、IT スキルが必須の力となる。大学の IT サービスやボドリアンのワークショップに参加して、多様で広範な情報スキルの習得を学ぶ。

　この 3 つの利用スキルのなかでも、ノートテイキングを特に重視する図書館利用スキルは、チュートリアルスタイルで学ぶオックスフォードの学生に応じたものとなっているのではないだろうか。

　本章では、オックスフォード大学内のボドリアン図書館を中心にその政策などを検討したが、オックスフォード大学として、各カレッジもまた、それぞれ独自の図書館政策や特徴をもって運営されていることは間違いない。ICT 活用能力を含めた図書館の電子化については、第 3 章「ケンブリッジ大学」においてさらに詳細に述べることにしたい。

参考文献
・重田勝介、2016「オープンエデュケーション：開かれた教育が変える高等教育と生涯学習」『情報管理』vol. 59、pp. 3-10

・ジョイス、コリン、2018『なぜオックスフォードが世界一の大学なのか』菅しおり訳、三賢社
・立田慶裕、2013「イノベーション研究の活用から実践へ」OECD 教育研究革新センター『学習の本質──研究の活用から実践へ』立田慶裕・平沢安政監訳、pp. 410-415、明石書店
・立田慶裕、2018「世界の大学に見る学習：オックスフォード大学の教育的伝統」『文部科学 教育通信』No. 442、pp. 20-21
・立田慶裕、2021「大学図書館のイノベーション──5つの戦略」『私学経営』No. 559、pp. 32-42、私学経営研究会
・Dos Santos, A. I. *et al.,* 2016,"Opening Up Education:A Support Framework for Higher Education Institutions." No. JRC101436.

関連ウェブサイト
（すべて 2021 年 11 月 30 日取得）
・オックスフォード大学ウェブサイト「チュートリアルについて」http://www.ox.ac.uk/admissions/undergraduate/student-life/exceptional-education/personalised-learning
・Joint Research Centre, http://publications.jrc.ec.europa.eu/repository/bitstream/JRC101436/jrc101436.pdf
・ボドリアン図書館 https://www.bodleian.ox.ac.uk/
・ボドリアン図書館の戦略 2018-2022, https://www.bodleian.ox.ac.uk/sites/default/files/bodreader/documents/media/bodleianlibrariesstrategy_2018-22.pdf

第3章
ケンブリッジ大学の図書館
情報リテラシーと研究スキル

1. ケンブリッジ大学

(1) 大学の概要

　「オックスブリッジ」として、オックスフォード大学と併称されるケンブリッジ大学は、オックスフォード大学とイギリスで1、2を争う名門大学として知られている。

　ケンブリッジ大学は、1209年に設立された、世界で4番目に古い大学であり、8世紀以上の歴史を持つ。学生数は、学部生が約13,000人、大学院生が約12,000人で計約25,000人である。教職員数は約12,000人、同窓生は2018年時点で約30万人であり、同窓生のために、毎年カレッジごとの同窓会が頻繁に開催されている。

　両大学ともに、世界の歴史に名を刻む人々を輩出しているが、オックスフォード大学と比べると、ケンブリッジ大学の場合、その卒業生には有名な科学者が多く、またノーベル賞受賞者も多い。ダーウィンやニュートンは、ケンブリッジ大学の卒業生である。また、19世紀から20世紀にかけて、コンピューター科学の発展に貢献したチャールズ・バベッジと、アラン・マシスン・チューリングも同大学の卒業生である。ケンブリッジ大学は自然科学を中心とした教育の内容と方法に重点を置き、多くの優秀な自然科学者を輩出している。

　大学には31のカレッジがあり、グローバルな大学として147か国の教育機関と連携している。31のカレッジは、それぞれ独自の歴史や文化があり、宿舎、食堂、チャペルと図書館を備えている。有名なカレッジとしては、トリニティカレッジやチャーチルカレッジ、キングスカレッジがあり、前2つのカレッジ

の長は国王が任命する形になっている。

　日本の大学では、学生が各学部に所属することになっているが、ケンブリッジやオックスフォードでは、入学試験もカレッジ単位で行われ、入学後は各カレッジに所属することとなる。学生は、自分の学習したい科目に合わせて、各学部・学科での講義やコースを受けることになる。教員も学生も各カレッジに所属し、卒業後に問われるのは、どの学部を卒業したかというより、どのカレッジの卒業生であるかという点である。

　大学のモットーは、「この場所から、啓蒙と明白な知識を得る」である。ミッションは、卓越した国際レベルでの教育、学習と研究の追求を通じて社会へ貢献することにある。その理念は、「思想と表現の自由」と「差別からの自由」にある。

　ケンブリッジという街は今日、イギリスにおける「シリコンバレー」に相当する「シリコンフェン」というテクノロジーの集積地として発展し、その各企業との共同研究も行われている。フェンとは、英国東部沿岸部を指す言葉であり、イギリスのスコットランドにおける情報技術産業の集積地シリコングレンと双璧をなす事業展開がなされている。

　大学の教育的使命としては、次の7つが挙げられている。第1に、探究的な精神の奨励、第2に、すべての主要科目における広い範囲にわたる学術的テーマの追求、第3に、すべての科目についての良質で深い専門性の提供、第4に、教育と学問や研究の密接な関係の構築、第5に、個々の研究者や研究グループのための強力な支援、第6に、多くのコースの中心としてケンブリッジへの居住を考えること、第7に、生涯にわたって学ぶために学生の能力を向上する教育、である。

　そのために、大学ではいくつかの特徴ある教育の内容と方法を提供している。初年次生は8つの科学分野（化学、物理学、細胞生物学、コンピューター科学、地質学、材料科学など）から3科目を選択し、必修の数学を加えた計4科目を1年間通して履修する。自然科学の伝統的学習は、数学から始まり、まずは多岐にわたる専門的科目を学ぶことにより、量子の世界から宇宙まで、広い世界観を学生が習得できる工夫がなされている。

（2）スーパービジョン

　「スーパービジョン」と呼ばれる教育方法は、ケンブリッジ大学の教育の特徴の 1 つである。これは、教員や研究者といった学術スタッフと少数の学生によってもたれる小グループの教授とセッションである。その起源は、オックスフォード大学のチュートリアル制度と類似しているが、1 対 1 での教授よりはカレッジ制度を基礎とした集団学習の形態をとることが多く、研究管理者（Director of Studies, DoS）によって組織され、研究の専門家（教員もしくは大学院生）がスーパーバイザーとして担当する。ケンブリッジではチューターが生活指導を中心とするのに対し、スーパーバイザーは学習指導が中心となる。

　ただ、このスーパービジョンは、その専門性ゆえに、学部や専門によって方法や指導者がきわめて多様であるが、だいたい週に 1 〜 2 時間行われるのが普通である。その評価や進捗状況は、学部スーパービジョンのためのケンブリッジ・カレッジ・オンライン報告システム（CamCORS）でモニタリングされており、スーパーバイザーがスーパービジョンの定期的なレポートを提出し、研究管理者も評価に加わって学生への指導が行われる。ある意味では、複数の指導者がついた徹底した個人指導システムといえる。

（3）デジタル教育未来センター

　理系研究者が多い研究大学として近辺の企業と協力を行う組織が、教育自体のデジタル化の研究を進める「デジタル教育未来センター」である。

　このセンターの使命は、新たな教育モデル開発のためのデジタルテクノロジー分野の創造的な発展に向け、産業、政策、実践分野で国際的なパートナーと連携する研究活動にある。単にテクノロジーの活用を促進するというよりも、イノベーションを促進すること自体が目的となっている。新たな教育モデルや研究を発展させるために世界の学術分野、政策や産業の関係者との関係を構築し、支援する活動を行っている。

　オンラインの生涯学習やジャスト・イン・タイムラーニングの研究、「ヴァーチャルインターンシップ」に関わる企業や学校、自治体、政府との共同研究が進められている。イノベーションを進めるうえで鍵となる「未来のスキル」やチームワーク、創造性、協働的な問題解決といったコンピテンシーの開発も重

要となっている。特に、博士課程の学生が多様な技術革新の可能性を探る企業との共同研究がこのセンターでは進められている。社会と交流しながら学ぶ教育機会を提供し、研究から発展した先端的教育の支援が行われているのである。

2. 大学図書館

(1) 大学図書館の特徴

　ケンブリッジ大学図書館は、ケンブリッジ大学の優れた教育と学習、そして研究活動を支える施設である。同図書館では、学生の学習、大学院生や教員の研究を支える豊かな資源と工夫が凝らされている。オックスフォード大学と同じく、この図書館もイギリスの納本図書館として指定されている。1710年以降、英国で刊行されたすべての出版物が義務的に納入される6つの納本図書館の1つである。

　大学図書館は、1416年に学者たちの小さな書棚から始まり、6世紀以上の歴史を経て、現在は900万冊以上の本、地図、書類、写真など現物収集物、人類の約4,000年にわたる歴史に関わる収蔵物、そして2,000言語以上の資料を有している。

　物理的な収蔵物だけではなく、電子資料でも数千万の項目の資料、本、雑誌、楽譜などを有している。歴史的収蔵物に関しては5万点以上の資料を公開しており、世界で最大の研究図書館の1つとなっている。

　大学中央図書館には、800万冊の本や雑誌などの資料があり、ヨーロッパでも最大の開架図書館となっている。開架書庫には200万点を超える資料があり、直接利用が可能となっている。

　これだけの資料を備えた書庫施設には、ケンブリッジからロンドンまでの距離に相当する106キロメートルの長さ、11メートルの高さの棚があり、その体積は約45,000立方メートル（オリンピック競泳プール18個分）に及んでいる。

　図書館の未来のビジョンは、知識の開拓と共有化を変革するためにデジタル時代の力と可能性を活用することにある。この未来を達成するために、最高の教育と学生の経験を社会に普及しながら、研究におけるパートナーとなり、収蔵物と知識を広く世界へ開放していくことが目標となる。その実現のためにも、

写真 1　トリニティカレッジのレン図書館
1870 年頃、撮影者ウィリアム・ウィンフィールド（William Winfield）。
Wikimedia Commons, public domain

深い専門的知識によって裏づけられたアプローチを保証していき、各学部や
コースの教育、学習、研究に密接に統合され適切なサービスと施設を提供し続
けるとしている。開放性と協働の寛大な精神を持って、学生や教職員、研究者
の利益のために柔軟で包括的な作業環境を伴うサービスへの努力を行うことを
目的としている。
　「図書館の未来ビジョン」（2019）には、次の 6 つの戦略目標が挙げられており、
その目標には、研究図書館としての特性やデジタル化への方向性がはっきり示
されている。それぞれの内容としては、

① 協働：学習・教育面での教育の卓越性を支えて開拓的イノベーションを
　行うために、カレッジ間にわたる協働を行うこと。
② 発達と普及の保障：全学生に対する包括的で統合的なサービスの提供と
　発達を保障すること。多様な学問ニーズの理解と変化する学習や教育の

写真 2　シーリー歴史図書館

　　ニーズについてのエビデンスを提供するサービス、利用者視点での包括的
　　で統合的なデジタルサービスを向上することがここに含まれる。

③ 支援：学生のアクセス支援として、社会的背景や地理的問題を抱える学
　　生がスキルを得られるようにし、先端的研究と豊かな教育環境の中で学生
　　の可能性を十分に活かすこと。

④ 協働作業：研究の卓越性とイノベーションを支援するためにサービスと
　　研修機会を全学にわたって協働で提供すること。デジタル・データ志向の
　　学問における進歩を助けてオープンリサーチの原理と実践を研究に組み込
　　むための指導を進めること。

⑤ 資源獲得の継続：新しい知識の世代が世界規模の情報資源を発見しアク
　　セスできるような獲得可能性を高め継続すること。

⑥ 機会の最大化：そして、大学の卓越したコレクションの収集力と専門性、
　　影響力から生じる研究の協働性、研究の収入、研究のインパクトのための

写真3 シーリー歴史図書
館の閲覧室

　機会を最大化すること。

　この6つの目標が、大学図書館各館に共通するものとなっている。
　ケンブリッジ大学の31のカレッジには、それぞれ図書館があり、各カレッジの学生の利用に供している。ブックリスト、快適な学習空間、多様な研究情報が提供されている。カレッジの学生以外にも、各カレッジ独自のコレクションの閲覧が認められている。
　カレッジ図書館に加えて、各学部や各種センターにも専門書やコレクションを有する図書館があり、全学の学生に多様な資料への情報アクセスサービスが提供できる環境が整備されている。

（2）脱植民地主義の方針
　上記の戦略を通じて、英国の大学図書館、とりわけそこに収集されてきた収蔵物については、英国の歴史的文化的背景をふまえながら、「脱植民地主義」

（Decolonisation）という考え方が生まれつつある。

脱植民地主義を進める活動グループ（DWG）の方針は、ケンブリッジ大学図書館や各専門家委員会内に脱植民地主義の活動のためのガイダンスと政策の計画として進められている。

DWGの活動は、図書館研究グループ内で脱植民地主義の把握を行い、ほかの既存の実践グループとの協働で大学収蔵物内の脱植民地主義を育てることにある。「脱植民地主義」という用語には多様な定義があるが、定義の多くのねらいは、植民地主義的な発想からの「脱植民地の実践」にある。

たとえば、植民地化政策や侵略の遺産である図書館の収蔵物を明確にし、その歴史的文化的文脈を明らかにする活動を通じて、自分たちの図書館資料を見直す活動が重要となる。世界やそこに住む人々に対する植民地主義的な見解に根ざす、歴史的で近代の権力関係に対する積極的な認識と批判的な関わりがそこに含まれる。グローバルな資源としての図書館収集物へのいっそうのアクセスの推進、教育・学習活動に影響を及ぼす大学の脱植民地的活動への支援とパートナーシップの提供、研究や公的なサービス、収集物の計画的な拡充を含め、いっそう多様な意見を提供し、多くの代表的な収集物を集めるためにも、この視点に立った活動は有効である。

この活動の目的は、第1に、適切に説明された広範囲の図書館資料へのアクセスを読者に提供することによって、ローカルにもグローバルにも読者にとっての利益を生むことにある。第2に、ケンブリッジを越えたローカルな脱植民地主義活動を通じて、図書館職員自身の信頼を生み出していくことにあるとされる。

(3) デジタルライブラリー

ケンブリッジ電子図書館は、2010年から2014年にかけて整備されていった。1985年に設立されたポロンスキー財団から「文化遺産とデジタル化プロジェクト」の一貫として、数億円相当の寄付を受けて開始された。

デジタル資源としては、テキスト、新聞、検索ツール、電子書籍や電子ジャーナル、データベースなどが数千万項目にわたって保存され、利用できるようになっている。特に電子コレクションを含めて、オープン利用ができる資料が多

く提供されていることも注目に値する。

　2019 年から 2024 年までの大学電子図書館の戦略方針としては、次の 5 つの
テーマがある（Langley, 2018, p. 9）。

① 最高の教育と学生の経験を提供するために協働すること
② 研究のパートナーとなること
③ 収蔵物や知識を世界と共有すること
④ デジタル資源と物理的資源が統合された環境作り
⑤ 未来のための強力な基盤の形成

　5 つのテーマは、ほぼ大学図書館全体の戦略のなかに位置づけられた内容と
も重複しているが、第 4 のテーマであるデジタル資源と物理的資源の統合によ
る図書館サービスの実現は、電子図書館特有のテーマであろう。

　デジタル化されたコレクションは数多いが、そのなかでオープン化されてい
るものはまだ十分でないとされている。しかし、ケンブリッジ大学は、企業や
国、そして国際的な組織からも多くの寄付を得ており、資料の電子化は急速に
進んでいる。たとえば、日本の美術資料のデジタル化は、石井美樹子氏（神奈
川大学名誉教授）による活動から始まり、1999 年に設立された立命館大学アート・
リサーチセンターが科研費の支援を得て行ってきた。その「ケンブリッジ大学
図書館蔵古典籍閲覧システム」のように、各国の大学や企業との協働事業とし
てそのオープン化、デジタル化が進むにつれ、世界中の人々にその文化と知識
を広く提供し、学習の機会を拡大するサービスが進められている。

3. 学習と研究のための図書館利用

　ケンブリッジ大学では、図書館に加えて、全学の情報リテラシーネットワー
クが利用できるようになっており、その活用のためのガイドも用意されている。
また、図書館にも、大学全般での学習のためのカムガイド（CamGuides）と大学
図書館利用のためのリブガイド（LibGuides）がある。後者にはテーマ別の資料
利用法、オンラインコレクション、検索データベース、資料へのアクセス法、

体系的レビューやスタディスキルなどの学習スキルに加えて、図書館を研究のために利用する研究スキルが詳しく解説されている。

(1) ケンブリッジ情報リテラシーネットワーク（CILN）

　ケンブリッジ大学図書館の専門グループは、米国最大の図書館協会であるカレッジ研究図書館協会（ACRL）が 2015 年に作成した「高等教育のための情報リテラシー枠組み」を参考にして、2017 年にケンブリッジ大学独自の情報リテラシーの枠組みを開発した。2018 年には、その枠組みを基礎にして、大学全体で利用できるケンブリッジ情報リテラシーネットワーク（The Cambridge Information Literacy Network, CILN）が構築された（図表 1）。

　このネットワークでは、ネットワーク活用のためのリテラシースキルが紹介されている。そのスキルは、図表 1 に示すように、① の情報リテラシーの定義に加えて、4 つのコンピテンシー（知識、スキル、態度）から構成されている。ここで、情報リテラシーとは、「発見し利用する情報について批判的に考え、適切な判断を行う力」である。この力は、確かな情報に基づく見解を育て、社会に十全に参加する市民としての力を与えてくれる。

　② の「資源の探索」では、学問や研究課題に関する多様な資料からの情報を探索・評価し、探索の反復過程の理解を深める。③ の「批判的判断」では、批判的観点から用いる情報を評価し、情報が持つ信頼性や文脈、適切性を含め、その利用がどのような影響を持つかを判断する。④ の「情報の管理」では、学問における学術的実践を理解し、用いる情報に適切な属性を与え、利用する資料の範囲を記録し読み出す実践的なスキルを開発する。⑤ の「創造と対話」では、情報の創造について理解し、再考と変容、伝達を含む過程として、学問内の知識の総体や学術的対話へいかに貢献するかということが図られる。

(2) カムガイド

　ケンブリッジ大学の学部生および修士課程学生のために、学習法を学ぶカムガイドがオンライン上に用意されている。このガイドから、デジタルリテラシーや多様な学習スキルを学べる仕組みができている。カムガイドには、修士課程学生向けのものと学部生向けのものがある。前者は、大学院からケンブリッジ

図表 1　情報リテラシーの 5 つの枠組み
ケンブリッジ情報リテラシーネットワーク CILN
（https://camiln.org/the-framework-five/）

① 情報リテラシーとは何か
② 資源の探索
③ 批判的判断
④ 情報の管理
⑤ 創造と対話

図表 2　ケンブリッジ大学の学部
生向けカムガイド
（https://libguides.cam.ac.uk/
ugcamguides/skills）

① 自己管理型学習：何をどう学ぶかを学ぶ
② 時間管理：効果的な計画で学習と課外活動を割り振る
③ 批判的読解：アカデミックな視点で資源を読み取る
④ ノート作り：要点をまとめる方法を持ち効果的に書く
⑤ 論文執筆：理解、計画、自分のスタイルを持ち、校正する
⑥ 対話：スーパーバイザーへの対応法や質問に慣れる
⑦ フィードバックの活用：重要なフィードバックを活用
⑧ オンラインコミュニケーション：多様な人と交流を図る

大学に入学した学生でも理解できるガイドである。学部生向けの後者は、カレッジやテーマによらず学習に備えるガイドとして、学修のためのアカデミックスキルや情報収集に焦点を当てた内容となっている。

　図表 2 は、アカデミックスキルについて詳述したものであり、受動的な学習から能動的学習をめざす自己管理型学習やライティング、指導者や友人との対話のスキルが中心となっている。「ノート作り」も受け身でノートをとるのではない点が強調されている。

（3）研究スキルガイド

　効果的な図書館利用のための研究活動に焦点を当てたのが、LibGuides 内のリサーチスキルである。そこでは、医学や工学などの専門別、トピック別のガイドに加えて、著作権や盗用回避法、EndNote や Mendeley、Zotero などの文献データベース、テキストマイニング、体系的レビュー法や電子書籍活用などの研究スキルが詳述されている。

　主要な情報源（テキスト系）として、紙の書籍や電子書籍、参考文献、学会誌、新聞や雑誌、論文、データベース、ウェブサイトから情報を収集し、まず、研究の問いやトピックを含めた情報の必要性を決めること、そして、研究の問いに適した情報のタイプを理解すること、情報を見つけるのに適した資源を知るなどの手順を踏むことを基本としている。研究者は、アカデミックな文献に関

わりながらも、その資源は、データも含めて紙媒体に限らないことが前提とされている。

そこで、最終的な研究発表をめざして図表3の5つのステップが示されている。

第1に、探究を計画する。この段階では、自分が研究するテーマをよく理解し、研究のキーワードや用語を選択し、情報資源の場を決めていく。テーマに則した重要な用語を決め、その定義や関連性を考えておく。

第2の探究する段階、もしくは情報を検索していく段階では、調べる手順、調査の手順やルールを決める。研究テーマに関わる先行文献をもれなく体系的にレビューし（体系的レビュー）、テーマの概念や問題を精緻化する。実際の用語や概念、論文の検索にあたっては、図表4に示すような基本的な検索テクニックを習得しておくことが必要だろう。

第3に、探究の結果や調査結果を判断する。あわせて関連資料や適切な資料を選ぶことがその資料の価値を判断するさいに重要となる。図表5には、そうした資料の判断基準をいくつか示したが、テーマや専門によってその判断基準は異なっていることはいうまでもないだろう。

本当に正しく適切な資料を得ているかという問題である。資料の妥当性が、自分が依存している、あるいは自分の限界に依存しているという現実を認識しておく必要がある。研究しようとしているテーマが学会や専門の枠によって閉じ込められている場合もある。いわゆるテキストは、標準化されたベストな資料という場合もあれば、時代や言語のテキストに依存した問題も含んでいる。

第4に、資料を整理し、適切な引用を心がけることである。資料を整理する中で、論文の容量制限に配慮し、無駄な資料を捨て、適切な引用を行いながら、理論的認識を進め、現状や問題の認識を深めていく。その引用のさいには、学会や学問の標準のプロトコル（規則）に従い、情報源を明らかにすることが求められる。論文でいえば学会誌や投稿規定に書かれているような規則である。

最後に、探究の結果を成果として発表することとなる。著作や研究成果を学会や社会の場で発表し、共有化していく段階である。

このような研究スキルについては、さらに詳細なリサーチの手順が示されている（図表6）。

このそれぞれの手順について、詳しい方法が図書館サイトで紹介されている。

図表 3　効果的な図書館利用の 5 ステップ
ケンブリッジ図書館ガイド LibGuides
(https://library-guides.ucl.ac.uk/library-skills-essentials/5-steps/)

① 探究を計画する
② 探究する（検索する）
③ 結果を判断する
④ 資料を整理し、適切に引用する
⑤ 探究の結果を成果として発表する

図表 4　おもな検索テクニック

語句検索	クオーテーションマークでの語句検索
しぼり込み戦略	ストリングの活用（and、or など）
検索語組み合わせ	類似語の利用
ワイルドカードの使用	探索語＋＊
検索結果の精錬	検索履歴の記録
専門分野別の検索法	多様なデータベースの活用

図表 5　情報資料の判断基準（CRAAP）
(https://library-guides.ucl.ac.uk/evaluating/assignments)

① 通用性（Currency）現代でも十分に通用する資料か？
② 関連性（Relevance）研究テーマと関連しているか？
③ 信頼性（Authority）著者あるいは出版社は誰か？
④ 正確性（Accuracy）情報の出典は？　科学的根拠は？
⑤ 目的性（Purpose）なぜ情報が作られたのか？　その目的は明確か？

図表 6　図書館を利用した研究のスキル

① 文献探索
② 論文のためのノート作り
③ 著作権
④ 研究データの管理
⑤ 雑誌への投稿
⑥ 学術書籍の刊行
⑦ 論文発表法（メトリック）の探索
⑧ オンラインプロファイルの構築
⑨ 支援者の発見

　学生が単位を取得するための学習であっても、大学院生による研究手順に従った研究活動であっても、このようなスキルガイドは、ある意味で学習や研究にとっての非常に便利な地図、指針となり、その地図のなかに大学図書館の利用がしっかりと位置づけられていれば、大学図書館の利用価値はさらに高いものとなる。

参考文献
・Langley, S. 2019, Cambridge University Libraries Digital Preservation Strategy. https://doi.

org/10.17863/CAM.33770

関連ウェブサイト

（以下の URL は、すべて 2021 年 12 月 30 日取得）

・ケンブリッジ大学 https://www.cam.ac.uk/
・スーパービジョン https://libguides.cam.ac.uk/ugcamguides/how/supervisions
・デジタル教育未来センター https://www.deficambridge.org/
・ケンブリッジ大学図書館 https://www.lib.cam.ac.uk/
・「図書館の未来ビジョン」2019、A Vision for the Future of Cambridge University Libraries.
　 https://www.lib.cam.ac.uk/files/ul_grand_vision_condensed_version_v5.pdf
・ケンブリッジ情報リテラシーネットワーク（CILN）https://camiln.org/the-framework-five/
・学部生向けカムガイド https://libguides.cam.ac.uk/ugcamguides/skills/
・効果的な図書館利用の 5 ステップ https://library-guides.ucl.ac.uk/library-skills-essentials/5-
　 steps
・ケンブリッジ大学図書館研究スキルガイド https://libguides.cam.ac.uk/research-skills/home/

第4章
マンチェスター大学の図書館
大学生のウェルビーイング

1. マンチェスター大学

(1) 大学の概要

　マンチェスターという街で私が思い出すのは、「マンチェスター＆リバプール」という曲で、1960 年代後半に日本でヒットしたポップ曲である。最初のフレーズと "A city, a city ..." というフレーズが非常に印象的であった。この 2 つの都市は、いずれもイギリスの産業革命の牽引地であり、1830 年、リバプール＆マンチェスター鉄道が開通し、最初の蒸気機関車が走った港湾都市リバプールが綿を輸入し、マンチェスターの紡績工場で作られた製品が鉄道によってリバプールへ再び送られて輸出された。

　19 世紀から発展した産業都市マンチェスターは、現在の人口約 60 万人（2021 年）で、産業、教育、メディアや芸術・大衆文化といった点でイングランド北部の中心都市である。マンチェスター空港もヒースローに次ぐ英国第 2 の空港といわれ、飛行機だとロンドンから 1 時間、鉄道では 3 時間半の場所にある。

　マンチェスター大学は、マンチェスター・オックスフォードロード駅から徒歩 10 分の場所にある。大学は、1824 年設立のマンチェスター機械工学研究所を母体として、マンチェスター工業学校、1956 年にマンチェスター工科大学へと発展してきた。また、イングランド最初の市民大学 (civic university) オーウェンカレッジが 1853 年に設立され、その後 1880 年にヴィクトリア大学マンチェスター校となる。このヴィクトリア大学マンチェスター校とマンチェスター工科大学が合併してマンチェスター大学が 2004 年に設立された。

　QS 世界大学ランキングでは世界順位 27 位（2022 年、英国で 6 位）、THE ラン

キングでは世界順位 50 位（同、英国 8 位）である。世界の大学ランキングでは
あまり高いように見えないが、この大学を本書で選んだ理由は、非常に大きな
社会的貢献をなしている点であり、2019 年から THE インパクトランキングの
高い地位にあり、2021 年には 1 位に輝いたからである。

　大学はこれまでに 25 人のノーベル賞受賞者を輩出している。有名人として
は、ドイツの暗号機エニグマの解読器やコンピューターの原型となったチュー
リングマシンを開発したアラン・チューリングも、この大学で戦後教鞭をとっ
ている。また、チューリングの物語を映画化した「イミテーション・ゲーム」
で彼を演じたベネディクト・カンバーバッチもこの大学で演劇を学んだ。

　2021 年の学生数は学部生と院生を合わせて約 40,000 人、教職員数は約
13,000 人である。学部には、人文学部、理工学部、生物・医学・健康学部があり、
人文学部にはマンチェスタービジネス、芸術・言語・文化、環境・教育・発達、
社会科学の 4 つのスクール、理工学部には工学、自然科学の 2 つのスクールが
ある。研究者の半数以上が学際的研究を行っているが、特に先端素材、がん医
療、エネルギー、グローバルな不平等、バイオテクノロジーの 5 つの分野で傑
出している。

　大学の理念は、知識や知恵、人間性、学問の自由、勇気、開拓精神にある。
その目標は、研究と発見、教育と学習、社会的責任にある。この目標を、イノ
ベーション、市民参加とグローバルな影響の 3 つのテーマの下で達成するとい
うのが、大学の戦略的目標となっている。

(2) 大学の社会的貢献

　社会的責任や市民参加を重視しているのがこの大学の特徴であり、実際、大
学の重要な目標として社会的責任を明記したイギリス最初の大学とされている。

　たとえば、公平な教育機会提供のために、これまでに 6,276 人の学生が 1230
万ポンドのマンチェスター奨学金を受けてきた。また、公共へのサービスとし
て、地域に年間約 18,000 の職を提供し、年間 17 億ポンド以上の経済価値をも
たらしている。1,250 人以上の卒業生やスタッフが 2012 年以降、大学の学校評
議員イニシアティブを通じて地域の学校評議員として指導に当たっている。

　市民に開放されている代表的な文化施設として、ウィットワース美術館、ジョ

ン・ライランズ研究所・図書館、マンチェスター博物館、そして世界遺産に登録されているジョドレルバンク天文台がある。

　大学はまた、英国全土の大学の「市民大学ネットワーク」（The Civic University Network）にも参加している。このネットワークは、2018 年に英国全土の大学が新たな市民的課題解決の推進者として、大学の力を使って地域社会への役割と責任を果たそうとするために結ばれた。

　このネットワークに参加する大学は、それぞれの大学の制度面においてそれぞれの地域の要求を組み込み、取り組むこととなる。そのため、地域における役割と責任を果たして積極的な地域社会の変化をもたらすような組織として、大学には政府や自治体などのパートナーとの協働が求められる。そして、大学が地域に貢献する資源は、研究者、学生、スタッフといった人的資源と、学問的な知的資源であろう。

　この知的資源の提供のために大学は、政府の高等教育支援組織リサーチ・イングランドの「知識交換の枠組み」（Knowledge Exchange Framework, KEF）を活用している。この枠組みは、大学が地域産業や地域組織といったパートナーとともに多様な方法でデータや研究成果を活用するための基準となっている。

　この大学の社会的貢献への注力は、特に大学の SDGs 活動に表れている。

（3）持続可能な発展に向けて

　THE インパクトランキングとは、気候変動に対する活動やジェンダーの平等、健康と福祉など、大学がもたらす社会的・経済的インパクトの尺度を国連の SDGs（Sustainable Development Goals、持続可能な開発目標）の 17 の目標に合わせて設定されたものであり、大学が SDGs にいかに取り組んでいるかを示すランキング、つまり、地域社会への取組や大学の社会貢献度を示している。2021 年は 98 か国 1,240 大学が参加、マンチェスター大学は世界で 1 位となっている（2019 年は 3 位、2020 年は 8 位）。イギリス国内では、2019 年より連続して 1 位の座にある。大学が高い得点を得た目標は SDG11 と SDG12 で 1 位であり、そして SDG14 でも 2 位になっている。

　この大学の取組については、「マンチェスター大学 SDGs レポート 2020/2021」にその詳細がまとめられている。

図表1　マンチェスター大学の SDGs への取組

（「マンチェスター大学 SDGs レポート 2020/2021」より作成）

17 の目標		研究論文数（2015〜2020）	論文が引用された政策数	プログラムへの参加学生数	おもな公共への取組
1	貧困をなくそう	97	14	8,266	「街への愛」学生経済支援
2	飢餓をゼロに	182	70	1,623	デジタル農業 / 気候変動と食料保存
3	すべての人に健康と福祉を	15,600	1,506	52,273	ケニアのコロナ対策 / マンチェスターの健康改善
4	質の高い教育をみんなに	93	5	16,139	大学入学支援 / 大学博物館・図書館の公開
5	ジェンダー平等を実現しよう	191	40	7,660	女性のための STEM 教育 / 女性の賃金保障
6	安全な水とトイレを世界中に	110	38	3,841	小農向け灌漑開発 / 無料水道水サービス
7	エネルギーをみんなに、そしてクリーンに	1,310	113	9,250	水・エネルギー・食料・環境の評価システム
8	働きがいも経済成長も	473	69	55,512	マンチェスター優良雇用憲章 /NGO の創出
9	産業と技術革新の基盤をつくろう	159	17	83,515	学校の科学学習推進 / 工学キャンパス開発 / 起業センターの活用
10	人や国の不平等をなくそう	293	48	16,803	ラテンアメリカ反人種主義プロジェクト / 公正化プログラムの支援
11	住み続けられるまちづくりを	519	72	34,814	学校の空気清浄化 / 包括的持続可能化研究計画 / 創造的高齢者文化機関
12	つくる責任つかう責任	408	31	11,213	科学による浪費との戦い / 持続可能な資源計画
13	気候変動に具体的な対策を	902	348	4,592	緑化成長計画 / 音楽産業の CO_2 削減計画 /CO_2 ZERO
14	海の豊かさを守ろう	270	8	2,101	プラスティックごみ問題 / 海を守る社会
15	陸の豊かさも守ろう	271	185	10,704	多様な種の保護 / 自然再生ネットワーク
16	平和と公正をすべての人に	693	85	27,387	国際紛争解決組織（In Place of War）への参加
17	パートナーシップで目標を達成しよう	-	-	2,760	世界、国、地域など公共機関との連携
計		21,571	2,649	348,453	

　図表1は、そのレポートで提供されている指標から、研究指標として論文数、論文が引用された政策数、教育・学習指標として学生の参加者数、そして主要な公共プロジェクトのみを取り上げて示した。大学が把握している指標には、このほかにも特許数、共同作業を行う開発途上国数、国際的な共同研究者数な

どがある。各公共プロジェクトについてもレポートに詳細が述べられている。

　興味深い点は、大学の研究と学習、そして社会的貢献について、できる限り具体的な数値、実証的なデータで示されているということであり、また、SDGs について真剣に取り組み、その取組が学生にとっても、教員や研究者にとっても大きな刺激になっているのだろうという点である。

　特に、SDG3 の「すべての人に健康と福祉を」という項目では、論文数も引用論文政策数も最大であるだけではなく、学生の参加者数も 5 万人を超えている。このことは、大学がいかに学生の健康と福祉に力を入れているかを示している。大学図書館の資料提供においても、この点に大きな力が注がれていることを後述したい。

2. 大学図書館

(1) 大学図書館の特徴

　マンチェスター大学の図書館がいつ創設されたかについては、特定が難しい。少なくとも 1853 年創立のオーウェンカレッジには図書館があり、理工学部の元となったマンチェスター機械工学研究所に図書館があれば 1824 年ともう少しさかのぼり、いずれにしろ 170 年以上の歴史を持つと考えられる。そのころからのマンチェスターの産業の発展や当時の商人たちが集めたコレクションも、大学図書館の貴重な資料となっている。イングランド北部では唯一の国立研究図書館であり、デジタルコレクションは学術図書館で英国最大の所蔵数を誇っている。

　大学図書館のビジョンとして、19 世紀から 3 世紀にわたる "Imagine2030" が 2021 年に提示され、そこに今後 10 年の展開と優先事項が述べられている。

　大学図書館の目的は、教員、研究者やスタッフ、学生、客員研究員、一般来館者が多くの地域社会に参加して知識や情報を提供することにある。そのため、図書館の資産計画や国際化、平等、多様性と包括性、コレクションを核とする事業、創造的な労働力を社会に普及し、大学の重要な目標としての研究や発見、教育と学習、そして社会的責任を支援する重要な役割の達成をめざす。この図書館のビジョンは、大学の新しい戦略プランに貢献するとしている。

この計画では、図書館の役割と目的を再定義し、3つの戦略的プログラムを通じて提供する。

　第1の戦略が、「私たちの図書館」である。図書館は、マンチェスター大学のスタッフ、学生、卒業生、マンチェスターのコミュニティのために豊かでダイナミックで忘れられないサービスを提供する。そのために図書館のプログラムを通じて、大学図書館の資産と潜在的な力を届ける。学生のための教育・学習環境、大学院生のための研究環境の開発を行う。大学自体のデジタル化に対応した大学図書館のデジタル化、電子テキストブックの提供に加え、2万人以上の市民会員を持ち、ジョン・ライランズ図書館には毎年35万人以上の利用者を迎えるなど、地域の文化的教育的生活の向上をめざす。

　第2に、「北の国立研究図書館」としての役割である。英国で5つの国立研究図書館、オックスフォードとケンブリッジ、ユニヴァーシティ・カレッジ・ロンドン、インペリアル・カレッジ・ロンドン以外で北部にある唯一の図書館がこの図書館であり、上記4館だけでなく、各国の国立研究図書館とも協力関係にある。デジタル研究の方法の探究を行うとともに、特にジョン・ライランズ研究所・図書館においてポピュラー文化の資料を蓄えたポップアーカイブの構築など新たなプロジェクトを進めていく。

　第3の戦略が、「グローバルなマンチェスター大学図書館」としての役割である。ジョン・ライランズ研究所・図書館が指導的なセンターとして、研究、分析、キュレーションを行う。大学自体が社会奉仕活動を行う中で、全世界の同窓会組織や大学新聞とも連携していく。トロント大学、メルボルン大学、香港大学、スタンフォード大学やハーバード大学の図書館との連携を進める。マンチェスターのデジタルコレクション自体がすでにケンブリッジ大学との共同事業となっている。欧米だけでなく、中東やアフリカ、オーストラリア、アジアとの関係を構築しつつある。

　この3つの戦略が、次の7つのテーマによって導かれる変革的な一連の作業として位置づけられている。

①研究革新：図書館が変容的な研究を支援する。
②学生の参加：学生が図書館のパートナーとなる。

図表 2　マンチェスター大学の図書館

図書館名	特徴
大学図書館本館	大学内最大の図書館 人文科学、教育、法律、医学、科学、社会科学の教育と研究のための主要なコレクション
ジョン・ライランズ研究所・図書館	人文学研究所と特別コレクション
レナガン図書館	音楽演劇センター内で音楽と演劇資料
ストップフォード図書館	生物学、医学、健康資料とコレクション
ブラディック図書館	物理学・天文学関連資料とコレクション
芸術・考古学図書館	芸術・歴史・文化の論文やコレクション
ジュール図書館	科学、工学、技術の主要なコレクション
エディーデイビーズ図書館	ビジネススクール学生向け図書館
カントローウィッチ図書館	教育、環境、開発の主要なコレクション
Ahmed Iqbal Ullah RACE（Race Archives and Community Engagement）センター	人種、移住、民族の多様性の研究に焦点を当てた専門図書館
ユニバーシティランゲージセンター	外国語学習センター

③ 大切なサービス：大学や都市生活のために重要なサービスを提供する。

④ オープンな原則と平等：社会に包括的な視点から知識を提供する。

⑤ マンチェスターコレクション：世界でも最大級のコレクションの活用を図る。

⑥ クリエイティブな人々：信頼され、協働的で多様な人々であること。

⑦ 注目すべきスペース：無限の多様性と想像力を提供する。

(2)　ジョン・ライランズ研究所・図書館

　図表 2 に現在の大学図書館の一覧を示すが、このなかでもやはり大学として力を入れているのは、ジョン・ライランズ研究所・図書館である。

　ジョン・ライランズ図書館は、エリケタ・ライランズが紡績工場の億万長者であった亡夫を記念して、スペンサーとクロフォードの 2 人の伯爵のコレクションを基礎に、1900 年に設立された。1972 年にマンチェスター工科大学の一部となる。また、2013 年に設立されたジョン・ライランズ研究所が多くの財団からの寄付やコレクションの助成を得て、2021 年に図書館と合併して大学のコレクションをまとめ、研究者と図書館スタッフが協働して働く場となった。ヴィクトリア期ネオゴシック建築の傑作の 1 つとされ、市内の観光名所となって一般公開されている。

写真1　ジョン・ライランズ図書館の閲覧室
Michael D Beckwith/Wikimedia Commons, CC0

　この図書館の人文学コレクションは、世界でも5本の指に数えられる有数の規模である。4,000冊以上の初版本、50言語以上の写本、神学、文学、哲学、演劇、音楽、建築学、医学、経済学や社会史、政治学、軍学など150以上のコレクションがある。

　デジタルコレクションは、ウェブブラウザーによりネット上で閲覧できる。約9万点のコレクションがある。11世紀から20世紀にかけての資料のデータベースが、地域別、作成者別、国別、内容別に検索できるようになっている。地図のコレクションが約1,000点以上、17世紀から20世紀までの日本の地図も約400点含まれている。その内容が誰でもオープンに見られるようになっている。

　英国最大のデジタルコレクションとしてもう1つ、電子教科書プログラムがある。これは、およそ170近いモジュールを持ち、多くの学習プログラムを学ぶ世界の学生、特に初年度の学生が利用できるようにサポートし、全学生のほぼ90%が利用している。学生としてログインし、ダウンロードしたテキスト

写真 2　ジョン・ライランズ図書館の自習エリア
Michael D Beckwith/Wikimedia Commons, CC0

を自分なりの読書リストとして保存できるようになっている。

　この図書館の大きな特徴は、その利用者の支援のために、図書館スタッフだけではなく、関連学問の研究者や大学院生、客員研究員が協力している点にある。これまでにもふれたように、大学図書館の司書が大学の研究者とどのように連携していくかは、大学図書館の大きな課題となっている。博物館の学芸員が学問の専門的研究者と協力して博物館サービスを充実していくように、大学図書館も司書が各学問の専門家と協力することで、そのサービスはさらに充実したものとなるだろう。

（3）学生のウェルビーイングに向けて

　大学図書館では、学生や教員に向けて多くのサービスが提供されている。本館では、図書館もまた学生が身体的・精神的に幸福な状況になるように健康的で十全な環境形成に貢献するとしている。そのため、本館にも週2回、学生相談コーナーが設置されている。

　学生のウェルビーイングに関するサービスは、大学全体としてスタッフの

図表3　ウェルビーイングへの6つの方法

（https://www.studentsupport.manchester.ac.uk/taking-care/wellbeing/six-ways-to-wellbeing/ をもとに作成）

方法	理由
つながる	他人と親しい関係を持ち、大切にされることは、幸せの鍵です。研究によると、幸せな人はほかの人とより強い関係を持っています。より強い関係は幸せの増加につながります。離れていても、友情や家族の絆を育む時間を見つけることは気分をよくし、よりよい生活に役立ちます。
与える	与える、助ける、共有するなど、ほかの誰かのために何かをすることは、私たちをより前向きにし、自尊心を高めることがわかっています。大小にかかわらず、他人の生活を改善する行動は、私たち自身の改善になります。時間をかけて人のために何かをしてみましょう。
注目する	ある瞬間に何が生じて、その出来事がどう生活に影響しているかの認識が、自身のよりよい理解に役立ちます。その方法を知ると、自分の最も大切な時間を発見できます。たとえ一瞬でも、一時停止ボタンを押して、自分の内外で生じていることの理解に時間をとりましょう。
活動する	運動は健康の維持だけが目的ではありません。身体活動は、前向きな思考や感情に役立ちます。よく眠り、多くのエネルギーを蓄え、運動の時間を使えば、ほかの人とのつながりも増えます。激しい運動だけを実行する必要はありません。自身にとって適切な身体活動の最良の形態を見つけましょう。
健康になる	健康な体は、健康な心の維持を助けます。栄養に注意を払い、十分な睡眠をとり、自分の安全を守ることは健康に役立ちます。人はみな違いますから、自分に適切な選択をしましょう。
学び・発見する	学ぶという行為は、自尊心と回復力の向上に役立つことがわかっています。新しいスキルを習得したり、新しいレシピを試したりする最適な時期は今です。大きな課題に無理して挑まず、新しい曲を聴く、新しい本を読むなど、小さなことやゆるい目標から始めて、楽な学びから始めましょう。自分の新しい面や強みを発見しましょう。

ウェルビーイングサービスと同時に提供されている。そこでは、学生のウェルビーイングを次のように定義している。

　　　マンチェスター大学では、ウェルビーイング（幸福）とは、肉体的にも精神的にも気分をよくするすべてのものと定義しています。学生としての生活は忙しいかもしれませんが、あなたの幸福を振り返れば、日常生活に簡単なステップを組み込む方法を発見できます。また、そのいくつかを実践していることに気づかれるでしょう。

　このウェルビーイングを自ら探すセルフケアのリソースとして、「ウェルビーイングへの6つの方法」と「精神的ウェルビーイングに関する専門的知識」、そして「NHS self-help booklets」が用意されている。「ウェルビーイングへの6つの方法」とは、図表3に示す6つである。それぞれの行為を行うことがなぜ

写真3　ジョン・ライランズ図書館のウィキラウンジ
LisaDonno/Wikimedia Commons, CC-BY-SA 3.0

ウェルビーイング（幸福）につながるかの理由を、表は示している。

　このなかで、たとえば「つながる」という項目では、具体的な行為として、家族に電話する、友人とともに配信番組を視聴する、ゲームをする、家族や友人とオンラインでお茶の時間を持つなどがあげられている。

　「健康になる」では、ハーブティを飲む、身体を温める、運動後水分をしっかり取る、あるいは「学び・発見する」では、新しいレシピを試す、YouTubeを見る新しい方法を知る、古典の小説を読むなどである。それぞれの活動に関する資料も提供されている。

　自分が抱える問題（入学時の問題、人間関係、授業料などの経済問題、友人、安心と安全、学習、健康、ストレス、生活状況、いじめや嫌がらせ）についての多くの資料も提供されている。特に「NHS self-help booklets」は、国民保健サービス（National Health Service, NHS）が提供する 19 冊のガイド（依存、アルコール、不安、死別、アンガーマネジメント、抑うつ、虐待、摂食障害、食の思考、健康不安、幻聴、強迫観念、パニック、外傷後反応、産後うつ、自傷行為、内向性と社会不安、睡眠、ストレス）とオーディオブックである。学生を支援する資料としては、学問的な支援や経済的な支援、さらに各問題に関連した地域団体も紹介されている。

（4）学問と研究の支援

　学生のための学習スキル向上プログラムとして、図書館は、学習エッセンシャルと研究エッセンシャルを用意している。いずれもそれぞれの活動のためのリソースやワークショップ、オンラインによる利用プログラムである。

　研究の支援では、コレクションの使用、オープンアクセスとオープンリサーチ、研究データの管理、調査指標（research metrics）の開発、研究者開発プログラム（資料提供、ワークショップ、専門図書館の紹介）、研究の活用・出版の支援が行われる。いずれの場合も、英国国立・大学図書館協会（Society of College, National and University Libraries, SCONUL）を利用することで、英国の他大学の図書館利用もできるようになっている。

　また、図書館が学生や大学院生、研究者の教育と研究のニーズを満たすように、協力して働いてくれる学部専任のライブラリアンとして、理工学部に2人、人文学部に5人、生物・医学・健康学部に2人がいる。

　この大学の図書館サービスは、システムやデータのオープン化、グローバル化、そしてデジタル化や大学の目標との連動を通じて、その利用と発展がさらに進められていくことがわかる。

関連ウェブサイト
（以下の URL は、すべて 2022 年 3 月 1 日取得）
・マンチェスター大学 https://www.manchester.ac.uk/
・大学概要 https://www.manchester.ac.uk/discover/facts-figures/
・市民大学ネットワーク https://civicuniversitynetwork.co.uk/
・マンチェスター大学 SDGs レポート 2020/2021、https://documents.manchester.ac.uk/display.
　aspx?DocID=57219
・図書館戦略 imagine 2030、https://www.library.manchester.ac.uk/about/imagine-2030/
・ジョン・ライランズ研究所・図書館 https://www.library.manchester.ac.uk/rylands/
・デジタルコレクション https://luna.manchester.ac.uk/luna/servlet/
・マンチェスター大学 / 学生サポート https://www.studentsupport.manchester.ac.uk/taking-
　care/
・ウェルビーイングへの 6 つの方法 https://www.studentsupport.manchester.ac.uk/taking-care/
　wellbeing/six-ways-to-wellbeing/

第5章
ソルボンヌ大学の図書館
オープンサイエンスへの挑戦

1. ソルボンヌ大学

(1) 大学の概要

　パリのメトロ、オデオン駅の 10 号線から、クリニュー・ラ・ソルボンヌ駅を通り、ジュシュー駅までの周辺地域は、パリの 5 区、カルチェラタンと呼ばれている。カルチェラタンの語源は「ラテン語地域」であり、ヨーロッパ各地から集まった学生にとって、学問や教会の共通語としてラテン語が用いられていたことに発する。学生向けの書店やカフェ、映画館、美術館、博物館が集中している。

　ソルボンヌ大学の歴史は旧パリ大学の歴史につながっており、13 世紀にさかのぼる。中世には、教養、法学、医学、神学の 4 つの学部で構成され、ヨーロッパ最大の科学文化の中心地として発展し、すでに約 2 万人の学生を有していた。19 世紀後半から 20 世紀初頭にかけて、文化や科学の研究の最前線にあり、当時活躍した化学者のキュリー夫妻の名はジュシューキャンパスの第 6 大学に冠されていた。19 世紀から 20 世紀前半にかけて、海洋研究所や地理学研究所、芸術考古学研究所など、多くの研究所と建物が増えるとともに、学生数も 1960 年代には 6 万人以上に膨れ上がり、同時に学生の不満が紛争のきっかけとなっていった。

　1968 年、旧パリ大学周辺のカルチェラタンを中心に生まれたパリの 5 月革命は、フランスの高等教育に大きな影響をもたらした。筆者が高校生の時代、1960 年代は、映画でいえばジャン・リュック・ゴダールやルイ・マル、フランソワ・トリュフォーらのヌーベルバーグ（新しい波）の時代であった。パリ

写真1　図書館の雑誌閲覧室（1905年）
Wikimedia Commons, public domain

　大学の学生の自治と民主化の運動でもあった5月の政治活動は、労働者を巻き込んだ大規模な闘争となり、多くの人々がデモやストライキに参加した。また、この活動は、哲学ではサルトルの実存主義やカウンターカルチャーによって支えられ、新しい多くの文化的活動や政治的活動を各国にもたらした。

　1968年の高等教育基本法（フォール法）は、こうした運動やパリへの大学生人口の集中の影響を受けて、新たな大学制度の創設をめざし、学部を廃止し、専門的な研究・教育単位（ユニット）への組織改編を行った。その過程で、パリ大学は1大学区1大学制から、20前後のユニットからなる13の独立した大学に改組された。同時に、大学の自治への学生の参加が認められるようになり、大学評議会や組織の重要な役職に学生が参加できるようになった。

　しかし、21世紀に入って、パリ・ソルボンヌと呼ばれていた第4大学とピエール・マリー・キュリー大学（パリ第6大学）は、政府の高等教育センター（PRES）構想や「大学と施設のコミュニティ」（COMUE）構想などのプロジェクトを通して学術的な協力関係を強め、5月革命から50年後の2018年に合併し、新たな「ソルボンヌ大学」が設立された。

　ソルボンヌ大学は、文学部、理工学部、医学部の 3 つの学部で構成され、総計約 135 の教育研究ユニットと 20 の学際的なテーマ別機関がある。

　2021 年の学生数は学部生と大学院を含めて約 52,000 人、ここには約 10,000 人の留学生が含まれる。教育研究スタッフが約 6,000 人、管理・技術スタッフが約 4,000 人で、教職員数は計約 10,000 人である。

(2) 大学の戦略

　2019 〜 2023 年にわたる大学の戦略は、4 つの軸から構成されていた。

　第 1 は、「グローバルな世界で行動する」というグローバル戦略である。この戦略では、大学が分散化していたことによって低下した国際的な評価を、2 つの大学のそれぞれの強みを活かすこと、とりわけ科学的な側面で得ていた高い評価を基礎として、国際レベルで高めていくことが目的とされる。特に国際的に一流とされる大学とのパートナーシップを強め、EU のプログラムやプロジェクトへの参加を通して学生やスタッフの国際交流の機会を増やすとともに、多くの留学生を受け入れていくことがめざされた。

　第 2 は、オープンサイエンスやデジタル革命への参加である。最先端のテクノロジーの基盤を備え、学生やスタッフの訓練を行い、デジタルテクノロジーや AI に関する研究を行うとともに、研究や教育の透明性と倫理性を確保して、世界に貢献するオープンサイエンスの機関としての特徴を高めていく。

　第 3 は、変化する世界を理解し、世界から学び、世界の改革に努めることである。この軸については、2 つの方向がみられる。

　1 つは、知識を世界に広めることであり、フランスの市民参加の伝統ともいえる公開討論の場は、大学の伝統ともなってきた。哲学者ジャック・デリダたちが 1979 年にこの大学で開いた公開討論会「哲学の全国三部会」や、ミッテラン元大統領が欧州統合に関わるマーストリヒト条約の批准を問うた国民投票の前の公開討論会などに加え、この数年でも、ワクチン接種や気候変動、女性問題などのテーマで、大学の YouTube チャンネルやイベントを通じて市民との討論が展開されている。

　もう 1 つは、社会との対話を通じて学生や教員が知識を吸収し、大学の起業家精神の支援や奨励、イノベーションにつなげるという点である。市民との知

識の共有や革新は、この 2 つの方向性を持っている。

第 4 は、新しい大学の概念を明確にし、アイデンティティを構築するという軸である。特に世界に開かれたソルボンヌ大学の価値を追求するという点でも、その独自のモデルの構築が重要となってくる。学生やスタッフ、卒業生のコミュニティをまとめ、促進し、活気づけていくうえで、ソルボンヌ大学の明確なアイデンティティの構築が求められている。

(3) ソルボンヌ大学のアライアンス事業

ソルボンヌ大学は多くのプロジェクトに参加しているが、ここでは他大学とのアライアンス事業に注目したい。アライアンスとは、組織間の提携関係であり、川島によれば、組織間のアライアンスは、協力関係の構築による競争的な優位的地位の獲得という目的を持ち、そのためには、経営資源の節約、リスクの軽減、費用の削減、参入障壁の低下・新規事業への参入、新技術の獲得、経営規模の拡大などの目標があるという（川島、2015、f27-4）。

1）ソルボンヌ大学アライアンス

大学が創立当初より行っているアライアンス事業は、「ソルボンヌ大学アライアンス」である。

これは、政府が高等教育センター構想を進めていたころから継続的に募集していた「エクセレンス・イニシアチブ」プロジェクト（IDEX）として採用されたものである。ソルボンヌ大学アライアンスは、6 つの組織と 4 つのパートナー事業所を含む 10 の事業所から構成されている。

6 つの組織とは、大学を含めて、国立自然史博物館、ビジネススクールのインシード、コンピエーニュ工科大学（UTC）、パリブーローニュビヤンクール（PSPBB）と呼ばれる高等芸術教育センター、そしてフランス教育インターナショナル（旧 CIEP）である。

また、4 つのパートナーとは、国立科学研究センター（CNRS）、フランス国立衛生医学研究所（INSERM）、国立情報学自動制御研究所（INRIA）、国立開発研究所（IRD）である。このアライアンス事業では、研究所との連携強化、研究と訓練の構造化、知識の普及、オープンサイエンスの推進、学生の生活促進

が目標としてあげられている。

2）4EU+ ヨーロッパ大学アライアンス

　もう 1 つのアライアンス事業は、ヨーロッパの 4 つの地域から 6 つの包括的で研究集約的な公立大学を集め、教育と研究、管理における新しい高度な協力を目的として、いわばヨーロッパ大学を構成しようとする「4EU+ ヨーロッパ大学アライアンス」である。ここには、カレル大学（チェコ）、ハイデルベルク大学（ドイツ）、コペンハーゲン大学（デンマーク）、ミラノ大学（イタリア）、ワルシャワ大学（ポーランド）の 5 つの大学が参加している。

　このアライアンス事業では、

① 有意義な移動性の向上：カリキュラムの適切な統合や教育と雇用の観点から学生の大学間移動をシームレス化し、多様なニーズと好みに対応する
② 欧米水準での包括性とバランスの向上：不平等を是正し、資金を集め、国際的認知度を高め、教育、研究、イノベーション、雇用機会における潜在能力を向上させる
③ 教育の共通課題ベースの枠組みの開発：柔軟な学習パスを設計し、学習者による探究学習、多様な言語、グローバルな世界観の 3 つの 21 世紀スキルの習得をめざす

を 3 つの課題としている。そのために、6 大学間で学長だけでなく、学生、教職員が参加できるプラットフォームを作り、ヨーロッパ大学としてのモデル形成をめざしている。

　参加学生数は約 30 万人、スタッフは約 5 万人、約 250 のエラスムスプロジェクトが実施され、予算は約 4 億ユーロに及ぶ。アライアンスの加盟国は、地中海から北海、バルト海に広がって EU 全域の 39％を占め、EU 諸国の学生の半数をカバーすることとなる。その共通価値には、学生を中心とし、統合や国際化、研究の自由と卓越性だけでなく、創造性と公開性が置かれている。

　そして、この 2 つのアライアンスと大学の戦略に共通する考え方に、大学の公開性が置かれている。大学は、幅広い学問分野の連続体であり、非常に高度

で重要な研究・教育集団と高密度の研究を特徴としている。さらに、アライアンスを通して、国内の研究機関や大学だけでなく、各国の大学や研究機関とのプロジェクトチームが結成されている。ソルボンヌ大学の戦略は、その公開性の向上によりいっそう強力な相乗効果を生み出していく。学術機関だけではなく、ビジネス社会との協働を通じて、専門的知識の普及と不断の学習が進められることになる。

　次にその要となる大学図書館について検討していきたい。

2. ソルボンヌ大学の図書館

(1) 大学図書館の概要

　ソルボンヌ大学の図書館がいつ創設されたかについては、特定が難しい。17世紀以降、各学部の展開の過程で図書館が開設されている。

　図表1に、現在の大学図書館の一覧を示す。文学部図書館のうち、クリニャンクール図書館はモンマルトルの北パリ18区にあり、マレシェルブ図書館は凱旋門の東北パリ17区にある。その他の図書館は文学部のあるカルチェラタンにある。また、理工学部の図書館の多くはカルチェラタンにあるが、アラゴ研究所図書館は、スペインとの東部国境線近くセルベールバニュルス国立自然保護区に1882年に設立された「アラゴ研究所」としてよく知られているバニュルスシュルメール海洋観測所にあり、そこには動物学者のコレクションの寄贈から、歴史的アーカイブ、古代の楽器、17〜19世紀の約1,000点の作品など、卓越した科学的、芸術的、文化的遺産、海洋学および海洋生物学のコレクションがそろっている。また、医学部図書館は、サンタントワーヌキャンパスにサンタントワーヌ図書館とアキシャルカロリ病院図書館が、ほかの3つがピティエサルペトリエルキャンパスにある。各学部と専門によって、それぞれの図書館に学術資料やコレクションが収蔵され、利用できるようになっている。

　大学図書館の課題としては、次の事項があげられている。

① 印刷物に限らず動画や画像を含めた多様なメディアの資料利用の開発と
　実装、コレクションの評価

図表 1　ソルボンヌ大学の図書館

文学関係図書館（6）	クリニャンクール図書館
	マレシェルブ図書館
	ミケレット図書館
	サーペント図書館
	マルセル・バタイヨン図書館
	カタロニア研究センター図書館
その他人文系の図書館（14）	ブートリッシュ図書館
	アンリマッセ図書館
	CELSA 図書館
	Oc 教育研究センター（CEROC）図書館
	フランス語文学研究センター図書館
	エジプト研究センター（CRES）図書館
	スラブ研究センター図書館
	国際フランコフォン研究センター（CIEF）図書館
	ネオギリシャ研究図書館（INH）
	ジョージズ・アスコリとポール・アザール図書館
	パピルス学研究所図書館
	アウグスティヌス研究所図書館
	ギリシャ研究所の図書館
	近代西洋史図書館（IRCOM）
理工学図書館（7）	ライセンスライブラリー
	ライセンス 1 ライブラリー
	地球科学と環境ライブラリー
	アトリウム図書館
	数学（MIR）図書館
	生物学・化学・物理学研究図書館
	アラゴ研究所図書館（バニュルスシュルメール海洋観測所）
その他科学分野の図書館（11）	パリ天体物理学研究所（IAP）図書館
	アンリ・ポアンカレ研究所図書館
	LAM 図書館（Lutheries-Acoustics-Music）
	鉱物学・材料・宇宙化学研究所（IMPMC）図書館
	地球物理学研究所（IPGP）図書館
	力学実験室図書館（IJLRA/LM）
	原子核高エネルギー物理学研究所（LPNHE）図書館
	確率統計モデリング研究所（LPSM）図書館
	MIR ソフィーゲルメイン図書館
	ヴィルフランシュ海洋観測所図書館
	ロスコフ生物ステーション図書館
医学図書館（5）	サンタントワーヌ図書館
	ピティエサルペトリエル図書館
	ドショーム図書館
	シャルコット図書館
	アキシャルカロリ病院図書館

写真 2　ソルボンヌ大学図書館の大閲覧室
Zantastik/Wikimedia Commons, CC-BY-SA 3.0

② 一般の人を含む利用者の科学的生産物（出版物の寄託、電子論文の配布、計
　量書誌学的分析、データ管理）のオープンサイエンスへの位置づけと展開
③ 革新的な内容を持つ教育コースの大学内への展開
④ デジタルテクノロジーを活用した文書ツールの開発
⑤ 大学の文化的・科学的遺産の管理と保全
⑥ アーカイブの管理とコレクションの提供

(2) ソルボナム

　ソルボナム（SorbonNum）とは、ソルボンヌ大学のデジタル遺産ライブラリー
である。これは、科学（物理学、化学、地質学、生物学、数学）や医学、人文科学
に特化した新しいデジタルライブラリーとなっている。この図書館もまた、科
学的遺産への無料アクセスのためのオープンサイエンスの文脈に位置づけられ
ている。2006 年に設立されたジュピロテークと呼ばれるデジタルコレクショ
ンが 2020 年にサービスを停止し、2021 年に本サービスによって再び資料のデ
ジタル化が始まった。ムセリアと呼ばれる化石標本のデジタル資料や病理解剖

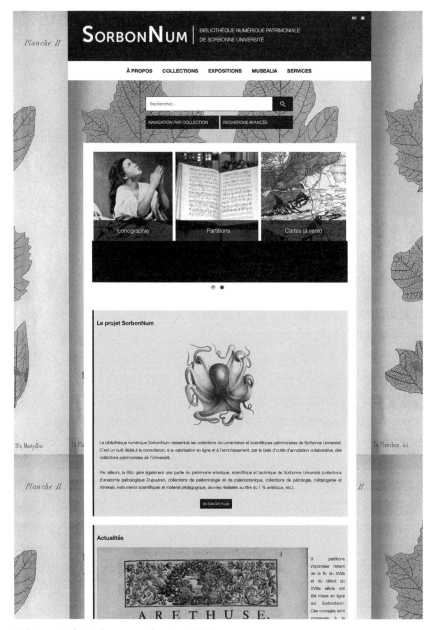

写真 3　ソルボナム（SorbonNum）のホーム画面

学コレクション、古生物学、岩石学、金属学と鉱石のコレクションから、多くの資料のデジタル化が進んでいる。すでに、1,800 点の資料、合計 417,000 点の画像がオンラインで利用可能となっており、多様なメディアの 1,800 を超えるドキュメント（印刷物、原稿、図像ドキュメント）の閲覧とダウンロードが可能となっている。その成果のヴァーチャル展示会のなかには、『ロード・オブ・ザ・リング』の展示、トールキンの中つ国のノートブックもある。

　利用者は、検索結果をバスケットに入れて PDF 形式や JPEG 形式でダウンロードできる。また、自分の研究成果を発表する機会も提供されている。大学は、すべての学部のすべての図書館の資料やアーカイブ、科学コレクションのデジタル化を進めており、コンテンツは定期的に投稿され、年間 5 万ビューの増加を見込んでいる。

（3）オープンサイエンスに向けて

　大学の戦略のなかで、大学図書館はオープンサイエンスに積極的に取り組んでいるが、具体的な取組としては、デジタルライブラリーを通じてのコレクションの無料利用や他大学との知識の交流を行うだけではない。最も基本的なことは、大学の研究者や大学院生がオープンサイエンスを前提とした仕組みを利用して、その研究成果を多くの人に公開し、無料でアクセスできるようにしていくことであり、大学もまた、研究者や大学院生にその姿勢を奨励している。

　オープンサイエンスについてはオンライン学習システムの MOOC で学べるようになっており、そこでは次のように述べられている。

　　　オープンサイエンスは現在、研究機関や資金提供者の政策の不可欠な部分です。これは、ソルボンヌ大学の制度的方針の非常に重要な要素でもあります。オープンサイエンスのための行動は、内部評価（プロジェクトの募集、採用など）のさいに評価されます。オープンサイエンスである「科学研究の成果、方法、生産物の自由な普及」のためのこの国際的な運動についてもっと学びましょう。（オープンサイエンスのための MOOC）

その教育動画は、"MOOC La science ouverte" として 2022 年 3 月から YouTube

上で公開され、一般の人々も学べるようになっている。

　また、オープンサイエンスのためのマニュアルも用意され、そこではオープンサイエンスの基礎として、次の点を強調している。その第1は、自分のペースで取り組むことである。第2は、3つのポイント（目標、内容、方法）を押さえること、すなわち、目標とは、大学の方針の理解、研究を公開することの意味を知り、内容とは、研究成果への自由なアクセスや公開性に配慮し、方法とは、発表の方法として論文の掲載や議論を前提にしていくことである。また第3は、自分の研究の影響と普及を意図していくことが重要とされている。

　さらに、大学の取組として、出版物の無料アクセスに関わる「ソルボンヌ大学憲章」と研究データに関わる「ソルボンヌ宣言」は、オープンサイエンスをいっそう進めるきっかけとなっている。

　「ソルボンヌ大学憲章」は、研究者や博士課程の学生が大学との合意のうえで、出版物への無料アクセスの尊重と約束を明記したものである。大学のオープンアーカイブへの登録から記事全文を寄託し、配布に貢献する。大学側もまたその寄託を促進し、長期的アーカイブを保証し、オープンアクセスの慣行やスキルの訓練により支援していく。その内容は次のようになっている。

　大学側からは、

① オープンアクセスとオープンサイエンスの社会的・科学的問題に対する大学コミュニティの認識の向上
② 国家の政策の地方への適用を通じたオープンアクセスの実施と HAL（ソルボンヌ大学アーカイブ）への出版物の提出と報告の促進
③ 出版プロセスにおける研究スタッフと博士課程の学生の支援
④ 出版物の多様性（biblio diversity）の推進

研究者と博士課程学生からの約束は、

① オープンサイエンスと出版物への自由なアクセスを支持して行動し、多様な責任を果たすこと
② オープンアクセスについてのソルボンヌ大学の方針と出版契約の妥当性

の確認

③ 論文の掲載に掲載料がかかる場合、ハイブリッドジャーナルではなくオープンアクセスでの掲載を優先すること

④ 識別子（IdHAL、ORCID）を作成して使用し、出版物の著者として明確な認識を持って科学的成果の透明性を促進すること

である。

　また、「ソルボンヌ宣言」は、2020年にソルボンヌ大学で開催された国際研究データ権利サミットにおいて、世界の研究集約型大学の9つのネットワークからの参加を得て、研究データに関して行われた国際的な宣言である。大学のデータ共有の意図を明確に示し、政府による共有の規制と実施手段提供の法的枠組みの採用を求めるものである。

　基本的には、データの共有と適切な使用の促進を目的にしている。しかし、その背景には、大きな経済的理由がある。1つには、政府と研究資金提供者がデータ公開のための財政的支援を大学に提供することであり、公的資金によって作成された研究データの経済的価値を高める点にある。データの公開は、研究の質と透明性を向上させるだけではなく、科学的な発見と経済発展の加速を促進することにつながる。データの公開は、知識の付加価値をさらに高め、研究の促進に大きく貢献するのであり、そこにオープンサイエンスの社会的役割があると考えられている。

(4) 図書館の利用教育

　上記のような大学と図書館の背景から、当然学生や研究者のための教育においてはオープンサイエンスが大前提となっている。大学図書館の教育部門は、人文科学、理工学、医学の分野にわたり毎年1万人を超える利用者にデジタルスキルの訓練を提供している。そのプラットフォームであるBiblioGuidesには、約60以上の資料が提供されている。文献データベースであるZoteroやPubMedの利用法やポスター展示の方法から、計量書誌学、デジタル出版物の著作権、オープンアクセスジャーナルへの投稿方法、科学論文の書き方から、電子書籍ポータルであるOpenEditionにおける書籍の利用やプレゼンテーショ

ン、電子出版の方法までが学べるようになっている。研究の始まりから、成果
物の出版まで、そしてその成果からのフィードバックも含めた学習と研究の環
境が整備されている。「研究ノート」というブログのテンプレートを使えば、日々
の研究や学習への他者からのフィードバックを得て、よりよい成果を生むこと
が保証されているのである。

　このようなオープンサイエンスの方向は、大学図書館を単なる成果の保存場
所としてではなく、知識の生産、普及、活用の場に貢献する機関へと大きく変
えていく可能性を秘めている。

参考文献
・川島秀明、2015「アライアンス理論の考察とモデル構築の検討」『經營學論集』Vol. 85,
　F27-1-F27-8

関連ウェブサイト
（以下の URL は、すべて 2022 年 4 月 1 日取得）
・ソルボンヌ大学ウェブサイト https://www.sorbonne-universite.fr/
・大学の歴史 https://www.sorbonne-universite.fr/universite/histoire-et-patrimoines/histoire
・大学の戦略 https://www.sorbonne-universite.fr/universite/nous-connaitre/notre-strategie
・4EU+ Mission Statement (2019) https://4euplus.eu/4EU-10-version1-4eu_mission_statement.
　pdf
・オープンサイエンス https://www.sorbonne-universite.fr/bu/engagement-pour-la-science-
　ouverte
・オープンサイエンスのための MOOC https://www.sorbonne-universite.fr/actualites/le-mooc-
　la-science-ouverte-est-accessible
・ソルボンヌ大学図書館（BSU）https://www.sorbonne-universite.fr/bu
・ソルボナムデジタル遺産ライブラリー https://www.sorbonne-universite.fr/universite/
　histoire-et-patrimoines/sorbonnum
・OpenEdition, https://www.openedition.org/catalogue-notebooks?limit=30&p=2

第6章
MITの図書館
学士課程の研究を支える専門司書

1. マサチューセッツ工科大学

(1) 大学の概要

　マサチューセッツ工科大学は、南北戦争前後に創設された。1861年の戦争が始まる2日前の4月10日にマサチューセッツ州から認可がおり、戦争後の1865年に最初の講義が始まった。この大学の創設者ウィリアム・バートン・ロジャースは、科学と実践の乖離を結びつけることを大学の理念であり、教育の目的とした。この考えは、そのまま大学のモットー「理論と実践」、つまり「心と手」（ラテン語 *Mens et manus*）となって現在に引き継がれている。

　マサチューセッツ工科大学（以下MIT）はマサチューセッツ州ケンブリッジ市にあり、ボストンの対岸に位置している。同市にはハーバード大学もあり、教育機関がここに集結している。2021年現在で学生数は約12,000人、修士課程以上の学生がそのうち約7,000人、女性比率は48％、マイノリティ比率は半数を超えている。職員数は約16,000人、そのうち教授約1,000人、その他の教員が約1,000人を占める。

　QS世界大学ランキングではつねにトップの座にあり、ハーバード大学の競争相手でありながら単位互換制度があって、学生は両方の大学で学ぶことができる。米国、いや世界でもエリート中のエリートが学ぶ大学として有名である。

　大学は、5つのスクール、建築計画、工学、人文・芸術・社会科学、経営、科学から構成されているが、2019年に新たに、シュワルツマンコンピューティングカレッジが加わっている。

　大学の統治は、設立以来コーポレーションと呼ばれる機関によって行われて

おり、そのメンバーは科学、工学、産業、教育、公共サービスの著名なリーダーから構成され、法人の正式会員が 75 団体から構成されている。

　また、8 人のメンバーが職権に従って統治を担うが、その構成は大学会長、学長、書記、会計、同窓会長のほかに、マサチューセッツ州の知事、最高司法長官、教育長官が加わっている。

　大学は、創立当初より米国の高等教育政策で展開された地域振興のためのランドグラント大学として発足したために、私立大学でありながら州の多額の補助金を得てきたが、企業や政治の関係者を多く含む大学組織を背景にして企業や政府からも多額の助成金を得ており、その良否は別にして私立大学の経済的基盤は固いものとなっている。

　これまでのノーベル賞受賞者は 98 人でハーバード大学の倍以上、米国科学賞受賞者 59 人、技術革新賞受賞者も 29 人を数える。著名人も多く、ヒューレット・パッカード社の創設者 W. ヒューレット、量子電磁力学の研究でノーベル物理学賞を受賞した R. P. ファインマン、人工知能の権威 M. ミンスキーなどがいる。

　大学の卒業生は、学問の世界だけではなく、経済界や政界で活躍する人材も多い。少し古いデータでは 2014 年の時点で、MIT の卒業生は、3 万の活動的な企業を興して、約 460 万人を雇用し、その年間収益も約 1.9 兆ドルに及ぶという。

　本章では、特に大学の独自の教育戦略と、学士課程学生を対象にした研究プログラムについて検討していくことにしたい。

(2) 大学の戦略

　MIT の教育哲学は、地質学者であり物理学者でもあったロジャースの理念、すなわち理論と実践の結びつきをそのまま継続して用いている。学生の地域への参加を通じてはじめて最高の教育がなされるとし、厳格な学問と実践の学習アプローチを基本としている。その原則は、次の 3 つのアプローチから構成されている。

　第 1 に、人間の知識の中核となる広くかつ強力な基盤をもつこと、第 2 に、特定の専門分野における深い熟練させる訓練、第 3 に、研究と確信から生み出

写真 1　バーカー図書館
大きなドームの下にある自習室。

される現実世界の問題解決をめざす実践的な方向性である。

　大学の使命は、21 世紀に国と世界に最も役立つ科学、技術やその他の学問分野で知識を進歩させ、学生を教育することにある。このような教育理念とその使命については、20 世紀の終わりに、教員と学生、大学のスタッフによる大きな検討がなされた。

　1998 年に、学生、教員、大学スタッフによって『学生生活と学習に関するタスクフォース最終報告書』がまとめられた。この報告書では、大学の使命について、11 の原則をあげている。11 の原則は 3 部から構成され、第 1 部でロジャースのビジョンを、第 2 部で 1949 年にルイス委員会がまとめた原則を、第 3 部でタスクフォースが新たな原則を加えている。

　第 1 部の基礎的原則は、次の 4 点である。

① 有用な知識の教育的価値：知識が実際に有用性をもつことの重要性
② 社会的責任：社会の利益のための新たな知識の発見

③ 実践による学習：能動的な学習を通じて実践を知識に変えること
④ リベラル教育と専門教育の組み合わせ：専門教育とリベラルな教育の統合を行うこと

第2部のルイス委員会の原則は、次の4点である。

⑤ 人生の準備としての教育：人文社会科学を含む大学カリキュラム全体での環境の整備を行うこと
⑥ 基本原理の価値：各学問分野の基本原理を重視したプログラムを前提にして情報革命に備えること
⑦ 卓越性と限定された目的：社会のニーズに沿った社会環境への効果的貢献を行うこと
⑧ 教員の団結：大学全体の教員に社会参加の責任があること

第3部の原則は、次の3点である。

⑨ 学術、研究、コミュニティの統合された教育三体：科学的手法による地域の問題解決に取り組み、そのための学生生活の整備がなされること
⑩ 強さ、好奇心、興奮：経験の精神を培うこと
⑪ 多様性の重要性：学生と教員の多様性を重視し、国際的な教育への教育貢献を行うこと

　さらに、2022年に新たに大学は、大学の価値観として「価値観ステーツメント」を宣言した。この宣言では、「卓越性と好奇心」「開放性と尊敬」「所属とコミュニティ」の3つの価値観を見直し、大学が学生の可能性を評価して、才能とアイデアを伸ばすことを重視した。
　この大学の理念を活かすため、1990年には起業家精神を育てるマーチントラストセンターが、1992年にエジャートンセンターが開設され、2021年にはMITのイノベーションと起業家精神の核となる組織として、イノベーション本部（Innovation HQ, iHQ）を開設した。この iHQ は5つのスクールとカレッジ

の学生が集まり、活動し、イノベーションを生むスペースとして設置され、すべての学生に探究と教育、社会的な貢献ができる道を整備した。MIT のこの教育戦略は、学士課程学生に初年次から研究と教育の機会を提供する次のプログラムにその特徴が表れている。

(3) 学士課程学生の研究支援プログラム

MIT では、1969 年にマーガレット・マクビカー教授が資金提供を受けて、学士課程学生向けの研究支援プログラム（Undergraduate Research Opportunities Program, UROP）を開始した。1972 年にはキャンパス外プログラムを導入し、学生、MIT 教員、学外専門家が参加した。1985 年にマクビカー教授が学部長になって UROP の拡充を行った。1993 年にはメンタリングを導入し、1995 年には学部生の 7 割以上、教員の半数以上が参加し、その後、毎年 100 本以上の論文が発表されている。2021 年現在、UROP は年間で約 6,000 のプロジェクトを支援し、卒業生の 93％が学部時代に最低 1 つのプログラムに参加している。2020 〜 2021 年にかけて、2,700 人以上の MIT 学部生がこの UROP に参加し、教員の 60％がメンターを務めた。UROP 支援のために、約 1200 万ドル以上の資金が提供されている。

しかし、学士課程の学生に研究の機会を提供することに、いったい何の意味があるのだろう。MIT の教育理念は、学生の地域や現実への参加を通じてはじめて最高の教育がなされることを重視する。厳格な学問を抽象的な場におくのではなく、現実や実践のなかで問題解決に取り組むことに意味があるとする。この理念を初年次から行い、ただ教育を受動的に受けるのではなく、大学が行っている研究の現場に入ってこそ、本当の教育がなされるとしている。

UROP は、学部生が初年次から実際の研究体験を通じて学習していくプログラムであり、夏期期間中だけでなく、学期中にも実施される。この体験を通じ、学生自身が興味を発見し、学問への情熱を高めていく。プロジェクトには、教員が実施するものでも、自分なりのプロジェクトを開始してもいい。UROP の活動は、教員やメンターと協力して行われ、UROP の支援組織がプロジェクトの調査と申請、プロジェクト計画の作成、および作業開始の準備のプロセスをガイドする。

研究開始にあたって学生用に研究準備プログラムも用意され、教員も UROP のためにプロジェクトの広報、学生との面接、プロジェクトの確認、学生の指導と評価を行う。学生が独自のプロジェクトを立ち上げてもよく、キャンパス内外にとらわれず、国際的な研究を行ってもいい。その予算として、各プロジェクトには 1,000 〜 25,000 ドルが提供される。MIT の学部生は、こうして初年次から MIT の研究活動を通じて、地域の企業や起業家の環境に積極的に参加する。学生にとっては、初年次から専門的スキルを習得し、専門家や関連企業とのネットワークを構築する大きな機会となる。ここに、最終年次でしか卒業研究に従事しない大学カリキュラムとの大きな相違が生まれていく。

　このプログラムモデルは、北米やヨーロッパにも大きな影響をもたらし、1978 年には、学部研究協議会（The Council on Undergraduate Research）が設立され、2022 年現在約 1 万人以上の個人会員、500 以上の機関が参加している。そして MIT においてこのプログラムを支援する大きな力となっているのが、多様な専門的学術資源を提供する大学の図書館であり、専門司書である。

2. MIT の図書館

(1) 大学図書館の概要

　MIT の図書館一覧を図表 1 に示す。このうち、MIT がボストンからケンブリッジに引っ越した 1916 年に、バーカー図書館が設立されており、その後各館が増設されていった。2021 年にはヘイデン図書館の改修が行われた。これ以外に、ウェブ上の図書館として、MIT App インベンター図書館と MIT オープンラーニング図書館が利用できるようになっている。

　この図書館のコレクションは、各館のビジュアルコレクション、科学的発展

図表 1　MIT の図書館一覧

図書館名	蔵書分野	設立年
バーカー図書館（Barker Library）	工学	1916
デューイ図書館（Dewey Library）	経営と社会科学	1965
ヘイデン図書館（Hayden Library）	人文学と科学	1951
ロッチ図書館（Rotch Library）	建築学と計画	1938
ルイス音楽図書館（Lewis Music Library）	音楽	1996

写真 2　ヘイデン図書館（2022 年）
Sintakso/Wikimedia Commons, CC-BY-SA 4.0

の記録を示すレアブック、ムスリム社会の資源研究のためのアボカーンドキュ
メンテーションセンター、大学の公式活動を記録したアーカイブのほかに、専
門論文を集めた原稿コレクション、教員や学生が作成した成果のティーチング
コレクションといったように独自の分類と公開がなされている。

　物理的な展示は、ロッチ図書館のギャラリーや 2008 年にオープンしたマイ
ハウゲンギャラリーが主となって行われている。

（2）MIT 図書館のビジョン

　1998 年に提出された「学生生活と学習に関するタスクフォース最終報告書」
では、その戦略の 1 つに大学図書館を位置づけ、次のように述べている。

　　　図書館システムに情報技術リソースを集中させる。将来的には、情報技
　　術の発展は、施設や設備ではなく、コンテンツの問題を中心に行われるだ
　　ろう。歴史的に大学の中心である図書館は、教育機関による教育コンテン

ツの適切な投資を保証するだけでなく、情報リソースへの手頃でユーザーフレンドリーなアクセスを提供する理想的な場所である。図書館はまた、大学の教育活動により深く関与するようになる必要がある。図書館の教育の役割は、情報自体の取得に重点を置くのではなく、学生が利用可能な豊富な情報を見つけ、選択し、評価し、効果的に使用するための生涯にわたるスキルを習得する必要性に重点を置くことが重要である。（「学生生活と学習に関するタスクフォース最終報告書」第 5 章 2、1998）

　この後、2016 年の報告書では、MIT が知識とデータを活用し、分析するオープンなグローバルプラットフォームとして研究図書館の最前線にいることを確認している。さらに、2020 年には、「新たな緊急性」と題したビジョンを発表し、図書館がデジタルファーストの図書館となることを宣言している。
　図書館は、人類を力づけ、インスパイアするために永続的で豊かな、公平で意味のある情報へのアクセスを提供する世界であり、大学の使命を支え、世界の課題に応えるために、情報の保存、生成、普及、活用、創造的な関わりができる信頼できる基盤の提供を通じて知識の進歩をめざすという。この使命の実現には、図書館学の専門職と MIT の価値を組織として支援することが求められる。社会正義と福祉の精神を追求しながら、好奇心と探究の活動を通じて、透明性と開放性に富むよりよい世界の実現をめざすという。
　この図書館学の専門職を MIT は、「エキスパート・ライブラリアン」と呼んでいる。

(3) エキスパート・ライブラリアン

　欧米の図書館司書は、高い学歴と専門性を持った職といわれる。実際、米国の専門職従業員組合の 2020 年の統計によると、米国の図書館職の学歴は、修士かそれ以上が 58.2％、学士が 26.4％となっている（Department for Professional Employees, AFL-CIO, 2021）。アメリカ図書館協会（ALA）の図書館専門職の定義によると、その専門職では、高等教育機関において大学院課程を修了していることがその資格となっている（ALA, 2022）。
　英米の大学図書館スタッフの研究でも、その専門性が指摘されることが多い。

図表 2　大学種別によるサブジェクト・ライブラリアンの人数
（山田、2014、p. 41 より引用）

種類	平均値	最大値	最小値	中央値
博士号授与・研究図書館（*n*=90）	30.3	70	5	27
修士号授与大学図書館（*n*=46）	10.5	34	4	8
学士号授与大学図書館（*n*=17）	7.6	14	4	7

図表 3　各専門司書が担当するガイドトピック
（https://libraries.mit.edu/experts/（2022 年 5 月 10 日取得）をもとに作成）

専門の司書	ガイドトピック
ターネター、E.	歴史、人類学と考古学、デジタル人文学、言語学、新聞（歴史）、科学技術社会論（STS）
リー、Y.	化学、化学工学、材料科学・工学、材料・化学物質の特性
ボディ、A.	音楽
クールマン、E.	ASME の論文と出版物、土木工学、環境工学、機械工学、海洋工学と造船、自動車技術協会論文、スペクトルリソース
スミス、K. A.	建築デザイン、建築とアート、建築技術、建築計算、画像検索、MIT 建築物
ダン、K.	重力波、出版相談
ジマーマン、K.	学術文献の API、著作権、画像使用、著作権とフェアユース
クルメット、C.	ウェルネスーマインドハンドハートコレクション
シャルマ、S.	バイオテクノロジーと製薬業界情報、ビジネス文献、化学薬品の価格、企業、企業レポート、金融、健康管理、産業、労使関係、市場調査、マーケティング、持続可能なビジネス
ムラック、J.	国勢調査と人口統計データ、統計ソフトウェア
グリーンリーフ、J.	議会刊行物、政府情報、政治学、女性とジェンダー研究、交通
チャン、T.	言語（英語以外）、新聞（外国語）
レナレス、D.	図書館情報学、人種的正義と反人種差別の文献
アルバウ、N.	行政データと分析、経済、イノベーションと起業家精神、特許、貿易統計、MIT 図書館のワーキングペーパー
ウィリアムス、B.	航空宇宙工学、天文学と天体物理学、物理学
シルバー、H.	生物工学、生命科学の実験プロトコルと方法
エアーズ、F.	電気工学、コンピューター科学、数学、標準
ザルコ、M.	古典研究、映画研究、文学、メディア研究、哲学、演劇芸術

　たとえば、山田かおりは、欧米や日本の先行研究から専門的な図書館スタッフの多様な定義をとりあげ、専門的な図書館員を「サブジェクトライブラリアン」「特定の主題に関する知識を持ち、主題に関するテクニカルサービスおよびパブリックサービスを行う図書館員」として定義している（山田、2014、p. 6）。さらに、米国のサブジェクト・ライブラリアンについて、博士号授与大学、修士号授与大学、学士号授与大学を 98 校ずつ抽出して調査した。図表 2 は、大学

種別によるサブジェクト・ライブラリアンの人数を示したものだが、大規模大学図書館（博士号授与大学）ほど、平均人数が多いという結果を記している。

　MITの専門的図書館員（専門司書）、エキスパート・ライブラリアンは、どのような専門を持っているのであろうか。図書館のエキスパート・ライブラリアンについて、担当しているトピックを研究ガイドから整理したのが、図表3である。

　山田の調査（図表2）によれば、このような専門司書の数は平均30名となっていたが、図表3に記しただけでもMITの場合全部で約20名おり、実際にはこれ以上の数の専門司書がいると推測される。また、1人あたりの学問専攻は多い司書で12分野にわたっている。

(4) 学士課程学生の研究支援プログラムのサポート

　この専門司書は、学士課程学生の研究支援プログラムにおいて、どのようなサポートを行っているのであろうか。そのサポートの実態について新見慎子(2017)は、北米の研究大学図書館30館を調査した結果を図表4のように発表し、サポートの類型化を試みている。「オナーズ・プログラムまたはオナーズ学生に対する支援」とは、高度な学びを希望する学生や入学時に選抜された学生への特別教育プログラムである。「『学士課程学生による研究』を促進する授業に対する支援」には、正規授業のなかでの研究活動や研究体験を組み込むものであり、情報リテラシーや研究スキルの養成も含まれている。

　図表4を一見してわかるように、③〜⑥へと特別の学生への支援や授業一般での支援よりも、学生や研究プロジェクトのプログラムへの支援、さらにはそ

図表4　「学士課程学生による研究」の大学図書館による支援の類型と実施状況
（新見、2017、p. 121をもとに作成）

支援の類型	実施	未実施	無答
①「学士課程学生による研究」を促進する授業に対する支援	30	0	0
② オナーズ・プログラムまたはオナーズ学生に対する支援	28	1	1
③ 学士課程学生研究プログラムに対する支援	19	9	1
④ 学士課程学生による研究成果発表会への関与	16	10	4
⑤ 学士課程学生の研究論文誌への関与	9	17	4
⑥ 図書館資源を活用した学生課程学生による研究成果の表彰制度の設置	14	13	3

図表 5 有名大学の図書館サービス
(Fernández-Marcial, F. *et al.*, 2016 をもとに作成)

	ケンブリッジ大学	スタンフォード大学	マサチューセッツ工科大学	インペリアル・カレッジ・ロンドン	カリフォルニア工科大学	オックスフォード大学	ユニヴァーシティ・カレッジ・ロンドン	ハーバード大学	トロント大学	チューリッヒ工科大学
研究支援リンク	●	●	●	●	●	-	●	●	●	-
利用者への適切選択配布	-	●	●	●	-	-	-	●	-	-
高度なレファレンス	●	●	●	●	●	●	●	●	●	●
研究支援訓練	-	●	●	●	●	●	●	-	●	●
自己研修ガイド	●	●	●	●	●	●	●	●	●	-
科学論文執筆支援	●	●	●	●	●	●	●	●	●	-
リポジトリ管理	●	●	●	●	●	●	●	●	●	●
オープンアクセス支援	●	●	●	●	●	●	●	●	●	●
情報評価	●	-	-	-	-	-	-	-	-	-
知的財産支援	●	●	●	●	-	●	●	●	●	-
特殊なドキュメント支援	●	-	-	-	-	●	-	-	-	-
研究データ支援	●	●	●	-	●	●	●	-	-	-
エンベディッド司書サービス	-	-	-	-	-	-	-	-	-	-
目録・内容管理	●	●	●	●	●	●	●	●	●	●
研究基準管理	●	●	●	●	●	●	●	●	●	●
SNS プロフィール	●	-	-	-	●	-	-	-	-	-
著者同定	●	●	●	●	●	●	●	●	●	●
機関連携	●	-	-	●	-	●	●	-	-	-
サービス種類　計	15	13	13	13	12	12	12	11	11	7

の研究成果の発表にいたるまでの支援へと、研究プロセス全体への専門的なサポートが行われるほどに、未実施の大学が多くなっている。

　学士課程研究支援について、特に世界のトップ 10 大学の図書館の調査から各大学が行っている具体的な図書館サービスについて比較したのが図表 5 である（Marcial, V. F. *et al.*, 2016）。そのサービスの種類数からみると、MIT は 13 種類とケンブリッジ大学に次いで多い。この表をみるかぎり、論文の執筆支援や研究データ支援のように司書の専攻分野における専門性は、学士課程学生の研究活動にとって非常に重要な役割を占めていることがわかる。

参考文献
・Fernández-Marcial, V., Costa, L.M., González-Solar, L., 2016, 'Top Universities, Top Libraries: Do Research Services in Academic Libraries Contribute to University Output?' https://docs.lib. purdue.edu/iatul/2016/spaces/2/
・新見槙子、2017「大学図書館が実施する「学士課程学生による研究」に対する支援の実態と特徴：北米の研究大学図書館を対象とする質問紙調査とインタビュー調査から」 *Library and information science* Vol. 78 、pp. 111-135（三田図書館・情報学会）
・中井俊樹、2011「学士課程の学生に研究体験は必要か：国際的動向と論点整理」『名古屋高等教育研究』Vol. 11、pp. 171-190
・山田かおり、2014「アメリカの大学図書館におけるサブジェクトライブラリアン」 *Library and Information Science* Vol. 71、pp. 27-50（三田図書館・情報学会）
・MIT『学生生活と学習に関するタスクフォース最終報告書』1998、MIT、http://web.mit. edu/committees/sll/

関連ウェブサイト
（以下の URL は、すべて 2022 年 5 月 1 日取得）
・MIT（マサチューセッツ工科大学）ウェブサイト https://www.mit.edu/
・大学の歴史 https://mitadmissions.org/discover/about-mit/a-brief-history-of-mit/
・学士課程学生研究プログラム（Undergraduate Research Opportunities Program）https:// urop.mit.edu/
・The Council on Undergraduate Research, https://www.cur.org/
・MIT 図書館 https://libraries.mit.edu/about/
・図書館専門司書 https://libraries.mit.edu/experts/
・American Library Association, https://www.ala.org/advocacy/intfreedom/corevalues
・Department for Professional Employees, AFL-CIO, 2021
・Library Professionals: Facts & Figures, https://www.dpeaflcio.org/factsheets/library-professionals-facts-and-figures

第7章
ブリティッシュ・コロンビア大学の図書館
変容的学習の実践

1. ブリティッシュ・コロンビア大学

　世界の図書館のなかで、大英博物館に代表される図書館史を持つ英国、そして、開拓史のなかで各地域に教会とともに図書館を設置していった長い歴史を持つ米国とともに、カナダの図書館の歴史は、英国とフランスの2つの言語圏にわたっている。カナダの図書館史は、植民地の歴史とともに始まり、17世紀、作家マーク・レスカルボットのコレクションに端を発し、18世紀から21世紀へと発展した長い歴史を持つ。

　本章では、このカナダの英語圏にあるブリティッシュ・コロンビア大学図書館の変容的学習と先住民対象のサービスに注目する。変容的学習とは、社会の急速な変化に応じて教育や学習を変えていくものであり、プログラムを設計しなおし、学際的な学習と現場に即した実践的学習に重点をおく。この大学の図書館は、変容的学習を重要な戦略として捉えて、そのサービスに取り込んでいる。

(1) 大学の概要

　カナダ、ブリティッシュ・コロンビア州バンクーバーのダウンタウンからバスで30分の地区にあるブリティッシュ・コロンビア大学 (The University of British Columbia、以下 UBC) は、100年以上の歴史と440ヘクタール以上の広い土地 (バンクーバーキャンパス) に広がっている。東京ディズニーランドが約50ヘクタールだから、その9倍近くのキャンパスを持つ。2005年には、オカナガン地区にも約200ヘクタールの面積を持つキャンパスが開設された。バンクーバーからオカナガンキャンパスへは飛行機で約1時間弱、東へと飛んだ距離のケロウ

ナ地区にあり、2つのキャンパスはかなり離れているが、それぞれ独自の発展を遂げている。

UBCの基礎となった州議会の大学法は1908年に可決し、1912年にUBCの発足式が催され、1915年に最初のクラスが開設された。

現在の学生数は、2021年で71,000人（バンクーバーキャンパス59,000人、オカナガンキャンパス12,000人、それぞれの留学生比率は29%、21%）である。また、教職員数は19,000人（バンクーバー17,000人、オカナガン2,000人）となっている。

2022年のTIMES世界大学ランキングでは、世界37位、QS世界大学ランキングでは、世界46位。また、サブジェクト別の図書館情報学の領域では、世界のトップ5位となっており、カナダでトップの大学となっている。ほかに10位以内に入ったカナダの大学は、マギル大学（8位）とモントリオール大学（10位）であり、それ以外はすべて米国の大学が占めている。図書館情報学の分野では、米国とカナダの大学の力が大きいことがわかる。

バンクーバーキャンパスには、法律、医学、森林科学など11の学部とビジネススクールなど、いくつかのカレッジがあり、オカナガンキャンパスには医療福祉や応用科学など5つの学部と看護学や社会福祉など5つのスクールが開設されている。教育学部は両キャンパスに設置されている。

(2) 大学の戦略

大学のビジョンは、優れた世界を作るために人々やアイデアを活気づけ、行動を引き起こすことにある。また、大学の目的は、ブリティッシュ・コロンビア、カナダ、そして世界中にわたり、グローバルなシチズンシップを育て、持続可能で公正な社会の進歩に貢献するため、研究と学習、社会参加の卓越性を追求することにおかれる。

そこで追求される価値は、第1に、卓越性（Excellence）である。これは、深遠で意欲的な大志であり、人として生き、存在し、より優れた存在となるように努力するという資質である。

第2に、公正性（Integrity）である。これは、道徳的な価値であり、正直に、倫理的に、真実を求める存在としての資質である。

第3に、尊敬（Respect）である。これは、重要な価値であり、学ぶべき価値

写真 1　時計塔とアーヴィング K. バーバーラーニングセンター
Dllu/Wikimedia Commons, CC-BY-SA 4.0

である。多様な人々やその考え方や行為に対して感じ、示される敬意である。

　第 4 は、学問の自由（Academic freedom）である。これは、アカデミー、つまり学術的な組織独自の価値である。非難されることのないオープンな議論の追求と十分な敬意を伴う対話を通しての、アイデアを表現する学問をする人の自由である。

　そして最後に、説明責任（Accountability）という価値がある。これは、個人的な価値観であると同時に公的な価値である。自分たちの行動や行為に責任を持ち、各自の責任と相互の責任を遂行することである。

　大学では、このビジョン、目的、価値観に基づき、実践的には「人と場所」「研究の卓越性」「変容的学習」「ローカル・グローバルな取り組み」の 4 つの重要な戦略領域を配している。

　最初の「人と場所」の領域では、UBC とその周辺の人々の幸福と卓越性を高めるために、活気があり持続可能な環境の創造をめざす。

　その戦略の第 1 は、人作りであり、優れた学生と教職員を備えた多様でグローバルなコミュニティを維持し、その魅力や社会参加を促す。

第2は、協働やイノベーション、コミュニティの発展を促す快適な物理的・仮想空間の創造である。

　第3に、持続可能で健康的、関係豊かなキャンパスと地域社会の継続的な発展を支援し、地域社会の繁栄に寄与する。

　第4に、包括的な卓越性である。社会的な公正を保ち包括的なキャンパスを作り維持する多様なコミュニティを開発する。

　第5に、システムの刷新である。協働、イノベーション、機敏性を促進するために、大学のシステムやプロセスを変容する。

　次の「研究の卓越性」という領域では、インパクトのある知識を創造し、動員する。

　その戦略の第1は、共同研究集団の形成である。社会的なインパクトを追求する研究上卓越した学際的グループを形成する。

　第2に、研究の支援として、研究の卓越性を支援するインフラや資源の共有を強化する。

　第3に、学生の研究として、研究経験への機会を拡げて高めていく。

　第4に、知識の変換である。研究の実践への変換を支援するエコシステムを改善する。

　第5に、研究文化の育成である。高水準の統合性や仲間意識、サービスを擁する強力で多様な研究文化を育てることが狙いとなる。

　「ローカル・グローバルな取り組み」という領域では、すべての人々の利益につながるような知識と資源の貢献を通じて、責任を持って社会へと関わっていくことである。

　その戦略の第1は、公的な関連性の向上であり、UBCの研究と教育の公的なインパクトを増して関連を深めていくことである。

　第2に、先住民の参加や取組の促進、つまり大学で刷新された先住民の戦略計画の目標や行動の支援である。

　第3に、同窓生への取組である。生涯にわたる充実さの提供のために同窓生との関係を持ち、活気づけ、参加を促す。

　第4に、グローバルなネットワークの構築である。インパクトを高めるためには、戦略的なグローバルネットワーク、とりわけ環太平洋ネットワークを構

築し、持続する。

　第 5 に、組織的な取組である。社会参加の原則や効果的な実践を地域社会と共創し、支援の基盤を構築する。

(3)　変容的学習の戦略

　大学の戦略として特に教育に関わる「変容的学習」の領域では、根拠に基づく教育やメンターシップ、経験の機会の充実を通して学習を向上させることが目的となっており、大学図書館もまたこの戦略を重視している。

　変容的学習は、学習者の特性や興味が大学そのものを変化させるという点と、変化する社会への対応という観点から考えられている。実際、急速に多様化する経済や社会、労働市場は、多様な教育を求めている。転用可能なスキル、批判的思考、協働とコミュニケーションなどの教育である。こうした観点から、UBC は、学生そのものを教育に参加させ最善のカリキュラムの構築をめざしている。プログラムの再設計やコンピテンシーに焦点を当てた教育であり、問題解決学習、テクノロジーの学習など職場に応じた変容的教育がめざされている。教育とメンターシップにおいても卓越したモデルへと持続的な進歩を図っている。

　その第 1 の戦略は、教育の刷新にあり、持続的なプログラムの刷新と教育効果の改善を促すことにある。高度に効果的な指導ができるよう教員の専門性を高め、学生自身にも研究や教育法を学ぶ機会を提供している。多様化するキャリアパスに応じた大学院プログラムも提供している。根拠にもとづく教授法を学ぶ機会を教員に提供し続け、伝統的な教育法の改善を図るためにイノベーションを促している。多様な学習者に応じて対面学習からブレンド型学習の環境を整備し、キャンパスや地域を越えた教員と学生のフィードバックの可能性を高めている。

　第 2 の戦略が、プログラムの再設計である。学習成果とコンピテンシーの観点から学部の学究プログラムを再設計する。カナダの教育、特にブリティッシュ・コロンビア州の初等・中等教育では、コミュニケーションと思考、そして個人的・社会的アイデンティティがコアコンピテンシーとなっていて、協働性や批判的思考、能動的な態度が重視されている。UBC でのコンピテンシー

は学部によって重点が異なるが、たとえば共通のコンピテンシーである IT 領域では、コンピテンシーとは、「高いパフォーマンスに関連するスキル、知識の領域、能力、または行動特性」とされ、コアコンピテンシーとして、結果についての対話、問題解決、協働があげられている。大学のカリキュラムは学習成果に基づいて構成されるが、その学習成果、結果としてのコンピテンシーの構築を目的にプログラムが再設計される。

　第3の戦略が、実践的な学習である。学生、教職員、スタッフ、卒業生のすべての対象にわたって、仕事とマッチした実践的な学習機会を広げている。特に外部のパートナーや卒業生と協力し、学究的なプログラム全体に体験学習、実践を通じた学習の機会を増やし、キャリアにつなげている。その連携が州を越えることによって、UBC の影響力を拡げることになる。バンクーバーキャンパスの「ワークラーンプログラム」の場合は、学生が学びながら専門的スキルと研究スキルを向上させている。「大学拡張プログラム」は、社会人や生涯学習者に多くの卒業生も参加し、社会人の要求に応じたオンライン学習の機会を提供している。

　第4の戦略が、学際的教育である。問題解決に焦点をあてた統合的な学習プログラムの開発が行われている。複雑で緊急の課題に取り組むために多様な視点と学問から学生を育て支援する学究的な構造を開発する必要がある。新規の大きな課題に取り組むためのコースを学んで概念を統合できるようにデザインされた機会が提供されれば、いっそう熟達した思考を育てることができる。個別の学問コースでは達成できない専門性を育てる高度な学習経験は、多様な範囲の横断的な学習プログラムで可能となる。その1つのアプローチとして、「社会生態学的経済開発研究」プログラムが提供されている。廃棄物の管理や合成麻酔薬オピオイドの危険性といった現実的な課題に取り組む学習である。

　第5の戦略が、学生の経験の強化であり、学部生、大学院生の地域社会への参加経験の向上を図る。また、学生自治会との協力により、UBC で学生が初年次から大学院にいたるまで、学問、キャリア、健康や幸福面での専門的な助言や成長に応じたサポートを行う。このことはまた、コースやカリキュラムでの学習を通して、自分の道を切り開けるような自己管理型学習者になるようにすることでもある。オカナガンキャンパスのジャンプスタートプログラムで

は、5 日間の初年次学生向けプログラムを提供し、友達作り、教授陣との出会い、大学の紹介を行い、図書館施設「ザ・コモンズ」では学生がくつろげる場を提供している。さらに、両キャンパスともに学生のハブとなる場の提供やメンタルヘルスを含む学生のウェルビーイングのサービスの充実に努めている。小さなコミュニティの経験からより複雑で大きなコミュニティの経験へと学生の個人的経験を強化していくのである。

　UBC の教育学部では、特にこの変容的学習について、「変容的教育のリーダーシップ」（Transformative Educational Leadership）として、初等教育から大学にいたるまでのシステム変容を探究するプログラムを提供している。そこでは国際的な教育システムの変容やイノベーション、ディープラーニング、先住民教育などの専門的学習が、オンライン学習と対面学習によって行われている。

2. 大学の図書館

(1) 大学図書館の概要

　UBC の大学図書館は、上記の戦略に伴う図書館サービスを提供している。2019 年における図書館の職員数は 319 人、うち司書 92 人、管理・専門職 32 人、IT 職 16 人、支援スタッフ 134 人、学生雇用 45 人である。所蔵書数は 830 万冊（うち電子書籍 280 万冊）。電子書籍利用者 340 万人、貸し出し数 100 万冊、年間来館者数 330 万人、ウェブサイト訪問者数 970 万人、図書館開設クラス数 1,255（参加者数 34,000 人）、レファレンス 88,000 人、オンラインレファレンス 13,000 件となっている。

　表に示した両キャンパスの図書館のなかでも、アーヴィング K. バーバー・ラーニングセンターの歴史は古く、1922 年の学生のデモによる施設の開設に始まり、2002 年より建物が改築され、2008 年に新たな学習センターとして開館している。このセンターは、図書館機能だけではなく、学生の地域社会参画の機能や、先住民族の文化遺産の展示、ヴァーチャル博物館などマルチメディアセンターとしての機能を果たしている。

図表1　UBC の図書館一覧

バンクーバーキャンパス	アジア図書館
	ウッドワード図書館
	生物医学分館
	稀覯書と特別コレクション
	チャップマン学習コモンズヘルプデスク
	大学アーカイブズ
	デビッド・ラム経営学研究図書館
	フェイファ図書館
	教育図書館
	アーヴィング K. バーバーラーニングセンター
オカナガンキャンパス	ケルナー図書館
	イノベーション図書館
	法律図書館
	オカナガン図書館
	音楽・芸術・建築図書館
	ザ・コモンズ
	リサーチ・コモンズ
	特別コレクションとアーカイブズ

(2) 図書館の戦略的枠組み

　UBC 図書館の戦略的枠組みは、大学の戦略に従うものであり、図書館の仕事と方向性を導くものとなっている。この枠組みの構築にあたっては、図書館スタッフの協議に加え、討議、オンライン調査、図書館外の大学教職員を含む関係者との対話を行っている。この枠組みは、ビジョンと価値観、コアとなる要素、コミットメントで構成されている。

　まずビジョンは、知識の創造、管理、探究と発見において大学や地域社会とのパートナーシップやリーダーシップを発揮して、グローバルで強い影響をもった研究図書館となることである。

　また、重きを置く価値観としては、第1に、研究や教育、学習のための資源へのアクセスを拡げていく「開放性」(Openness)、第2に、誰もが尊重され歓迎される包括的な環境の創造と発展を図る「所属性」(Belonging)、第3に、目標の共有化を図って強い関係を結び共に生きる「つながり」(Connection)、そして最後に、問いを歓迎して探究と創作、成長の精神を耕す「好奇心」(Curiosity)の4つがある。

　そのために、コアとなる要素は、

写真 2　ケルナー図書館
Vinceng3/Wikimedia Commons, CC0 1.0 Universal Public Domain

① 人材の要素：図書館スタッフの成長と発達、多様性をもたらす
② 技術的要素：テクノロジーを提供して研究と教育や学習を専門化する
③ 評価的要素：成果と利用者ニーズに関する最適な根拠に基づく図書館サービスと活動の評価や改善につなげる

の 3 つである。
　さらに、コミットメントとして、

① 研究や教育、学習と社会参加における卓越性の追求
② 多様な経験と視点を知り、促し、尊重する包括性の重視
③ 先住民族社会とともに働き、先住民族の人々の世界観やその理解、慣習の受容を通した変容的な視点の組み込み

を行うことが図書館の責任となる。
　こうした観点からめざされる戦略的方向性は、第 1 に、多様な研究形態を活

用した学習と研究における図書館サービスのリーダーシップであり、専門性である。第 2 に、大学や地域社会のパートナーとともに、図書館が地域社会への参加と知識の交流の機会を積極的に育てていくことである。第 3 に、迅速なコレクションの創造と普及、第 4 に、イノベーティブなスペースとサービスによる動機づけ、そして最後に、これらの活動のために効果的な資源配分や組織の配置の計画的運用があげられている。

(3) 変容的学習の実現に向けて

　大学の戦略的枠組みに従って行われる高度な研究、教育、研究形態を支援するために、大学図書館もまた緻密な戦略的枠組みを必要とする。その図書館サービスには多様なものがあるが、ここでは、特に変容的学習に関わる 2 つの教育サービスに焦点をあてたい。

　その 1 つが、戦略的枠組みのなかでも何度か触れられている先住民族への教育支援であり、もう 1 つは、これまでの大学図書館の動向でもふれてきたオープンサイエンスをめざすオープン教育である。

1）先住民族の教育支援

　カナダには、非常に多様な先住民族が住んでいる。先住民族は、ファーストネーション、メティス、イヌイットとして定義されているが、ブリティッシュ・コロンビア州だけでも、約 200 近い民族組織が存在している。そして、特にブリティッシュ・コロンビア州は、このファーストネーションを尊重する教育施策を 20 世紀から継続し、2007 年には「ファーストネーション教育法」を制定するなど、初等教育から高等教育にいたる自治的な政策を展開している。

　UBC にも、先住民族の文化や言語、法律を学ぶ学科が文学部、教育学部、法学部に設置されている（広瀬、2018）。教育学部には、先住民族教員養成課程もあり、先住民教育局が設置されて、先住民教育の優先事項について、学部、大学や州、国内外の推進に取り組んでいる。

　図表 1 に示した図書館のなかで、フェイファ（Xwi7xwa）図書館は、先住民族の文化を保存し、発展させるための図書館である。“Xwi7xwa”はスクオミッシュ語で「エコー」を意味する。この図書館は、1970 年に設置されたインディア

写真 3　ケルナー図書館のラウンジとコンピューターラボ
Gaijin Ninja/Wikimedia Commons, CC0 1.0 Universal Public Domain

ン教育資源センターを起源とする。

　同図書館では、2022 年から 2032 年にわたる「国際先住民言語の 10 年」（IDIL 2022-2032）の宣言を受け、先住民言語の支援を行いながら、植民地主義と戦うことをその 1 つの目標としている。先住民の言語の保護、活性化、促進の権利を確保し、言語の多様性と多言語の側面を持続可能な開発の取り組みとして展開している。

　たとえば、図書館の分類をデューイ十進分類法によるのではなく、独自の言語に基づく分類法として、先住民の価値観や視点を反映したブライアン・ディアー分類法の修正版を用いている。

　また、児童文学における先住民の表現を問題視し、批判的なリテラシー教育の教材作成を行っている。子どもたちの本のコレクションのなかから、人種差別や有害な要素を含み、文化を盗用する事例や、固定観念を植え付ける資料を検討する「先住民の児童書とクリティカルリテラシー（ICBCL）プロジェクト」

を 2019 年より展開している。

2）オープン教育

　図書館の開放性を代表する取組が、オープン教育である。

　『UBC 図書館オープン教育の影響と活動レポート（2020/2021）』によれば、UBC 図書館のオープン教育サービスは、優れたオープン教育リソース（OER）の発見、調整、作成や、革新的なオープン教育プロジェクトと開放的な実践の計画や実装ができるような教員と学生への支援を目的としている。

　そこで、バンクーバーの図書館では、オープンスカラシップの推進を目的とした指導と協力、オカナガンキャンパスの図書館では、変容的学習の体験支援の取組を行っている。図書館全体でも、160 以上のオープン教育プロジェクトの相談事業、オープン教材の出版など OER 開発やコミュニケーションツールの開発、教職員、学生が参加するイベントの開催、UBC バンクーバーオープン教育リソース基金への協力、UBC オカナガンの OER 助成金の試験的導入などが行われている。

　オープンスカラシップと教育プログラム（The Program for Open Scholarship and Education, POSE）は、オープンリサーチ、オープンアクセス、オープンデータ、オープン教育に関心を持つ教員、スタッフ、ポスドク、大学院生を対象とする。このプログラムは、両キャンパスだけでなく、UBC 以外の教職員や大学生を対象に、無料で公開されている。POSE プログラムは、UBC 図書館および教育学習技術センターと共同で開発され、オープン実践の支援と OER 提供に習熟するツールと戦略を習得できる。関連事業として、実践的オープンスカラシップ（Open Scholarship in Practice）の毎年恒例のイベントがあり、世界中の人々や機関がさまざまなオープン教育実践を祝い、話し合う。

　オカナガンの OER 助成金パイロット事業では、図書館のリーダーシップの下で、学生、図書館員、書店代表者、管理者、教育と学習センターのキャンパス間の代表者を含むオープン教育ワーキンググループ（OEWG）を立ち上げ、オープン教育財団の助成金を受け、助成金パイロット事業を試験的に実施し、OER の作成や実装を行う 9 つのプロジェクトを行う。

　両キャンパスの教室でオープン教育実践を行う教員を称える学生主導のイベ

ント、OER チャンピオンコンテストにも協力している。バンクーバーでは 40 人、オカナガンでは 7 人の教員を称えるイベントで、学生団体と OEWG が協力している。

　OER の 1 つとして、教科書出版を支援し、出版プラットフォーム Pressbooks の技術支援により OER 作成の支援と研修機会を提供する。また、大学が作成した教科書の共有と発見可能性を支援するため、テキストカタログを作成している。

　このように、UBC 図書館は、教員と緊密に協力して、オープンな教育実践をコースに組み込み、オープンな知識の創造と流通に積極的に参加する学生を引き付けながら、OER に対応した教育を全面的にサポートしている。

　オープン教育は、教育資料が無料で入手でき、学習の社会間格差の是正に有効なだけではなく、図書館による知識の保存、共有化、開発や創造を行い、地域社会とのつながりを増し、包括的な学習環境の展開に大きく貢献している。

参考文献
・Kent, A. & Lancour, H., 1970, *Encyclopedia of Library and Information science*, Vol. 4, p. 71
・広瀬健一郎、2018「ブリティッシュコロンビア州の大学による先住民族教育における民族大学の役割：先住民族言語文化教員養成制度を中心に」『こども学研究：こども発達臨床センター紀要』10、pp. 24-38
・大山万里子、2009「カナダにおける先住民族教育自治政策 ── ブリティッシュ・コロンビア州のファースト・ネーション」『龍谷大学経済学論集』49（1）、pp. 239-254

関連ウェブサイト
（以下の URL は、すべて 2022 年 6 月 1 日取得）
・ブリティッシュ・コロンビア大学（UBC）https://www.ubc.ca/
・変容的学習 https://strategicplan.ubc.ca/transformative-learning/
・教育学部 https://telp.educ.ubc.ca/
・UBC 大学図書館 https://www.library.ubc.ca/
・アーヴィング K. バーバー・ラーニングセンター https://ikblc.ubc.ca/
・UBC 図書館オープン教育の影響と活動レポート（2020/2021）https://open.ubc.ca/ubc-library-2020-open-education-impact-activity-report/
・大学研究図書館協会（Association of College and Research Libraries: ACRL）https://www.ala.org/acrl/

第8章
ユニヴァーシティ・カレッジ・ロンドンの図書館
図書館のデジタルシフト

1. ユニヴァーシティ・カレッジ・ロンドン

(1) 大学の概要

　ユニヴァーシティ・カレッジ・ロンドン（University College London、以下 UCL）は、カレッジという名称が入るが、独立したユニヴァーシティである。イギリス、ロンドン中心部の文教地区ブルームズベリーにあり、大英博物館と大英図書館とに挟まれ、ロンドン大学のすぐそばに位置し、最寄り駅はメトロのユーストン・スクウェア駅である。

　1826 年に設立された UCL は、ロンドンを代表する学際的な大学であり、学生数約 44,000 人、教職員数約 14,000 人、11 学部を擁する。留学生が半数を占め、その数は同窓生を含めてこれまでに 190 か国から 30 万人を超える。在学生の 3 人に 1 人は世界で学び、スタッフの 3 人に 1 人は外国籍であり、国際色も豊かな大学である。

　芸術・人文科学、脳科学、建築環境、工学、教育・社会、法律、生命科学、数理科学、医学、公衆衛生科学、社会・歴史科学の 11 学部を有し、440 の学部プログラム、675 の大学院プログラムが用意されている。ブルームズベリーのキャンパスに加えて、2018 年には、オリンピックスタジアムの東に UCL イーストキャンパスが生まれ、新たな研究と革新の施設や学生センターを開設している。

　大学の歴史は 1826 年に始まり、地域や社会的背景によらずに多様な学生を最初から受け入れ、イギリスでも女性の大学入学を初めて認めた自由な校風を持つ大学であり、英語やドイツ語、化学、工学を初めて教えた大学、英国で最

初に電子書籍によるオープンアクセスの大学出版を行った大学とされる。今日までその民主的で進歩的な学風は継続してきた。

そのリベラルな学風は、『種の起源』の講演の場をダーウィンに提供し、大学の卒業生や在籍した教員には、電話を発明したベル、左手・右手の法則で有名なフレミング、統計学者ピアソンやスピアマン、哲学者ホワイトヘッド、遺伝学者フィッシャー、経済学者ミル、マハトマ・ガンディーやネルソン・マンデラなど世界を変えた多くの人がいる。日本とは明治時代から関わり、伊藤博文、井上馨、森有礼、アーネスト・サトウ、夏目漱石も学んできた。

2022年のQS世界大学ランキングでは8位、ヨーロッパ、英国で4位の大学である。2014年には、教育学のインスティチュート・オブ・エデュケーション（ロンドン大学教育研究所、通称IOE）を合併し、UCLの11番目の学部となった。この教育学の領域は、QS世界大学ランキングの分野別で9年連続で世界1位となっている。

(2) 大学の戦略

大学の戦略はUCL 2034と命名され、次のビジョンと使命のもとに6つの戦略目標がおかれている。研究、教育、革新において大学が明確なアプローチをとり、世界を理解する方法、知識を創造し共有する方法、グローバルな問題を解決する方法の変容を通じ、スタッフ、学生、パートナーのコミュニティをいっそう活気づけることが、大学のビジョンである。

大学の使命は、ロンドンのグローバル大学となることにある。多様な知的コミュニティとして、いっそう広い世界と関わり、世界をよりよい方向に変えることに取り組む。この大学コミュニティには、先鋭的で批判的な思考とその広範な影響力があるとされ、また人類の長期的な利益のために教育、研究、革新、事業を統合する優れた能力の活用をめざす。

大学のおもな戦略目標は、次の点にある。第1に、知的卓越性に基づく「学術的リーダーシップ」である。第2に、「研究と教育の統合」における世界的リーダーとして、感動的な学生体験を提供していくことである。第3に、専門分野の卓越性と独自の横断的なアプローチを通じて、「グローバルな課題」に取り組む。第4に、生涯にわたるコミュニティを育む「アクセス可能で公共に参加

写真 1　ユニヴァーシティ・カレッジ・ロンドン
ドームの下に中央図書館がある。後ろの高い現代的な建物はユニヴァーシティ・カレッジ病院の一部。

する組織」であること。第 5 に、ロンドンで、ロンドンについて、ロンドンのための「ロンドンのグローバル大学」となること。そして最後に、革新的な国際活動や協働事業、パートナーシップのネットワークを通じて、「グローバルな影響の普及」を行うことである。

(3) コネクテッド・カリキュラムとデジタル学習

　大学は、すでに 2034 年までの長期計画を前提としているが、その内容は、前述の使命や戦略を基本としている。実際の具体的な計画は、2016 年以降から 2021 年までの 5 年計画を終了し、現在は、2022 年から 2027 年までの 6 年計画が構想中の段階である。2021 年までの計画では、教育と学習のポータルサイトが設定されており、そこでは、以下の 9 つの目標の実現が図られてきた。

① 初年次から卒業後までの学生の個性に応じた支援を行う
② 大学全体の研究基盤の教育に「コネクテッド・カリキュラム」（Connected Curriculum）を組み込む
③ 学習を支援し早急の進歩を図るために評価とフィードバックを改善する
④ 学生が参加しリーダーシップをとる文化を創造する
⑤ 学生人口に応じて大学院教育を強化する
⑥ 目的に応じた教授の場を開発する
⑦ 学生を学生どうし、教職員、研究や広い世界に結びつけるデジタル学習の基盤を構築する
⑧ 雇用可能性や包括的な教育への学生のフィードバックに応じた共通カリキュラムの提供を図る
⑨ 個別の専門的学習のための短期コースや継続専門研修コースの拡張を通して、ライフラーニングからグローバルな機会や評価、影響を拡張する

　上記のうち、ここでは 2021 年度までの計画の基本的枠組みとされる、「コネクテッド・カリキュラム」と「デジタル学習」について詳述する。

1）コネクテッド・カリキュラム
　これは、2021 年度までの計画の基本的枠組みとされる UCL 独自の概念である。コネクテッドとは、その呼称のとおり、UCL の研究や教育と多様なものとの結びつきをめざすカリキュラムである。大学の主要な活動である研究と教育を結びつける優れた実践と努力を基本としながら、次の 6 つの次元の結びつきに焦点を当てた枠組みとなっている。

　第 1 の次元：学生を研究者や研究機関の研究活動とつなぐ
　第 2 の次元：すべての研究活動を学習プログラムの中に組み入れる
　第 3 の次元：学生がテーマ間でつながり、研究に夢中になる環境である
　第 4 の次元：学術的な学習を職場の学習と結びつける
　第 5 の次元：学生が学修成果を生み出し、発表や評価と結びつける
　第 6 の次元：学生が相互に結びつき、多様な面にわたって結びつきを持ち、

　卒業生とも結びついていく

2）デジタル学習の基盤の構築

　カリキュラムにおける学生どうし、教員と学生、教育と研究、そして多様な社会との接続を実現するという点で、デジタル学習の基盤構築は、重要な計画目標となる。2034年への戦略のなかで、デジタル教育で世界をリードするという課題に向け、テクノロジーを整備し、創造的で協働的かつ真正の（現実に即した）学習の支援を通じて広範囲の評価や対面学習、教室外への創造的な学習を動機づけるため、次の3つの目標を設定している。

　第1に、独自のデジタル基盤の提供によって、学生どうし、スタッフ、研究、および外の世界をつなぐネットワーク化された研究を基盤とした学際的教育の環境整備である。特にそのために提供される仮想学習環境（Virtual Learning Environment, VLE）は、「コネクテッドな学習環境」を形成する一連のコミュニケーション、コラボレーションと生産性ツールにより強化される。

　第2に、学生のデジタル経験の改善である。そのためには、高品質で、テクノロジー豊かなブレンド環境を学習のために用意する。当然物理的基盤として、学生のコンピューター、ソフトウェア、Wi-Fi、各自のデバイス利用が見込まれる。システムの使いやすさ（usability）やアクセシビリティ、デジタルな幸福感が提供される。学生がデジタルの可能性を開発し、新しい作業環境と学習環境で成長できるように支援する。学生がUCLのデジタル課題に取組み、デジタル経験の改善に参加できることを保証する。

　第3に、教員と支援スタッフのための世界共通のツールと支援、そして基盤の提供である。教職員のデジタル知識とスキルの開発、ブレンド型学習のカリキュラムの設計や教育用のメディアや教材の作成を支援する。学生中心で学べ、共同学習のためのイノベーティブな場を教職員が利用できるように支援する。これらの目標を実現するために、

　① 仮想学習環境（VLE）のチェック
　② カリキュラム設計へのブレンド型学習の埋め込み
　③ 学習紹介用のオンラインスペースの提供

④ 学生向けのデジタルスキルの開発

⑤ スタッフ向けのデジタル知識の提供

⑥ スタッフと学生に OER（Open Educational Resources）を含む教育メディアと
　資源の提供

⑦ レクチャーキャスト（講義動画）の利用拡大

をメディア学習開発の優先事項としている。

　このデジタル学習基盤の整備は、UCL の大学図書館のありようとも大きく
関わる。

2. 大学の図書館

(1) 大学図書館の概要

　UCL には 2022 年現在で、図表 1 に示す 16 の図書館がある。最初の専用総
合図書館、現在の中央図書館は 1849 年に開館した。その後、各学部の図書館
が、学部やスクールの開設とともに開館していく。十字路図書館は 1904 年に
開館、教育研究所は 1902 年に開館したが、その後ロンドン大学へ併合、1993
年に新しい図書館が開館していたが、2014 年に UCL に所属して教育研究所図
書館として新たな道を進んでいる。ほかにも、1974 年に開館したバートレッ
ト図書館は、建築と環境学の図書館であり、考古学研究所は 1937 年に設立され、
1958 年にロンドン大学内の独立した研究所として移転し、1986 年に UCL に加
盟。現在はイェーツ古典考古学図書館とエジプト学図書館があり、世界で最も
優れた考古学コレクションの 1 つとなっている。

　図書館スタッフは、各学部の図書館に所属している。

(2) 図書館の使命と戦略

　大学図書館の使命は、UCL の使命の達成にあり、そのための図書館サービ
スを提供している。UCL の教育と研究、コレクションの公開をその国際的役
割としながら、サービスの向上と革新に努めるスタッフの専門的能力の向上に
努めている。図書館のビジョンは、大学と同様、2034 年の計画を前提として、

図表1　UCL の 16 の図書館

バートレット図書館	建築・都市計画
UCL 十字路図書館	一般臨床・医療
東図書館	イーストキャンパスの学習機能中心の施設、2022 年開設
子どもの健康研究所図書館	子どもの健康グレートオーモンド通研究所（健康関連、国際子どもの健康研究、小児科・小児看護）
考古学研究所図書館	考古学・エジプト学
整形外科研究所図書館	整形外科・筋骨格科学
教育研究所図書館	教育・社会科学関連
モアフィールド眼科病院・眼科研究所共同図書館	眼科・視覚科学、生体臨床、医療、看護
言語スピーチ科学図書館	（言語・発話情報センター）聴覚学、コミュニケーション障害、言語学・音声学、特別支援教育、対話・言語・発声セラピー
中央図書館	芸術、経済、英語、歴史、人文、法律、現代語、哲学、公共政策
クイーン広場神経研究所図書館	神経科学・脳神経科学
王立自由医療図書館	一般臨床・医療科学
薬学スクール図書館	生体臨床医学、薬学、生薬・薬理学
スラブ・東欧研究スクール図書館	東欧、経済、地理、歴史、言語、文学、政治文献
科学図書館	人類学、工学、地理学、生命科学、経営、数理科学
ウィティンゲン健康図書館	医学、看護、健康関連

利用者中心のサービス、国際水準の資源、最先端の学習スペース、卓越した専門知識を提供することにある。また、大学の精神である自由な包括性や革新性を図書館の価値としながら、時代を切り開き、環境に優しく、最先端のサービスを行う。

　図書館サービス戦略 2019-22 では、次の 6 つの活動分野で革新的なサービスの提供を図っている。

　第 1 に、ユーザー経験として、そのインターフェース、情報スキル、教育と研究のサービスを行う。第 2 に、図書館スタッフに対して、平等と多様性、包括性の原則にもとづき、研修の機会と人材配置を行い、スタッフの能動的な参加を図る。第 3 に、図書館の財務・経営情報として、最新で効率的な行動がとれる統計的データの指標を提供し、その蓄積を図る。第 4 に、図書館システムとしてテクノロジーを活用したプラットフォームを提供して、利用者の経験向上を図るとともに、コレクションの可視性や透明性を図って学者の利便性の向上を図り、学生と研究者を含む利用者からのフィードバックプロセスを重視しその開発を進めていく。第 5 に、学習の場としての質の向上、スタッフの作業・

健康環境の向上を図る一方で、物理的コレクションとデジタルコレクションへのアクセスを高めるなどその独自性を保持しながら、図書館全体の持続可能な価値を高めていく。最後に、利用者とスタッフのコミュニケーションの促進や市民を含むアウトリーチサービスを行うとともに、オープンサイエンスを支援し、図書館の開放性を向上する。

　特に最後の、オープンサイエンスの支援という点では、大学がそのための事務局として、オープンサイエンスと学識のオフィス（Office for Open Science & Scholarship）を開設し、オープンアクセス、研究データ管理、出版、ビブリオメトリクス（書誌統計）、著作権アドバイス、透明性と再現性、デジタルコレクション、市民科学サービスなどを図書館と協力して行う仕組みを導入している。

　このようなオープンサイエンスへの支援やオープンアクセスの促進が進められていく図書館の背景には、大学図書館のデジタルシフトが進んでいるという状況がある。この点については、UCL 図書館が加盟する英国研究図書館コン

図表 2　図書館での効果的な探索の 5 ステップ

① 検索の計画	検索の理解	検索のトピックや図書館の調査作業の特性と範囲を理解する
	検索用語の定義	検索の概念と代替検索用語を特定する
	情報を探す場所	研究情報を検索する資源を選択する
② 探索	検索戦略の決定	検索概念を組み合わせ、適切な検索ルールを利用し効果的な検索を行う
	検索の見直しと絞り込み	トピックと既存の情報源のさらなる発見に応じ、検索を再検討して発展させる
③ 結果の評価	関連性と信頼性のある有効な情報源の選択	取得情報を批判的に考え、その利用を評価する
④ 参考文献の管理と引用	参照の整理	取得情報を追跡整理し、作業内容へ確認できる資料を作成
	適切な認定と引用	標準プロトコルに従い、情報源を一貫して正確に参照する
⑤ 研究成果の発表	研究成果の生産	論文の執筆、発表、共有

ソーシアムのデジタルシフトについて後述する。

　また、大学図書館は、図書館独自の教育・学習サービス（Teaching & Learning Services）を提供している。このサービスでは、学問分野や科目別のサブジェクト・ガイドの提供、コースリーディングサービスを含むオンラインのマイ読書リストの設定、教育や研究資料の使用に関する助言、修士・博士論文や OER などの研究成果に関連した著作権の学習機会の提供、オンライン試験問題の支援を行っている。また、英国の国民保健サービス（NHS）と連携し、NHS のスタッフと学生が利用できる基本的サービスや資源の活用を図っている。

　図書館の利用統計は、電子サービスに公表されている。2021 年のレポートによると、クリックサービスで予約された本は約 6 万冊、資料のスキャンは 8,500 回、100 万冊の電子資料を図書館は持ち、学生センターでの物理的な貸し出し冊数は 15 万冊、利用者は 1 万人となっている。

　教育・研究サービスで提供される情報スキルのマニュアルとしては、「図書館での効果的な探索の 5 ステップ」が図表 2 のように紹介されている。

　学生が大学の課題や研究に取り組むさいに、図書館での探索のプロセスが直線的なモデルで説明されている。実際には、この個々のプロセスそのものにおいても情報を検索し、整理し、選択し、検索結果を評価しながら、必要な情報をまとめ、論文を執筆し、発表していくことになる。こうしたスキルについて

の知識もまた、デジタル技術を活用した教育研究基盤（デジタルスカラシップ）の構築に含まれるが、図書館での学習や研究を含めて、学生だけではなく、教員や研究者にとって、今後はこのようなデジタル時代の専門的知識とスキルの習得や研修機会が必要となってくる。

3. 英国研究図書館コンソーシアムのデジタルシフト

　UCL が所属する英国研究図書館コンソーシアム（Research Libraries UK, RLUK）は、英国とアイルランドの 37 の研究図書館による同盟で、メンバーが共通の課題に直面し、集合的な機会を活用して、協力関係を築くことを目的にしている。この連盟のモットーは、「図書館なくして研究は成り立たない」という点にあり、そのために、研究を可能にする資料とサービスを提供すること、新たな発見や学識から社会を刺激すること、図書館スペースとスタッフが重要な役割を果たすこと、図書館が世界とつながり知識の普及を支援することが連盟の役割となる。

　連盟では、図書館のデジタル時代への変化を「デジタルシフト」と位置づけ、その課題に対応した「RLUK 戦略 2022-2025」報告書を提出した。デジタルシフト（digital shift）はデジタルトランスフォーメーション（digital transformation）と類似した用語だが、前者が「移行」を意味するのに対し、後者は「変容」という点で若干の意味の相違がある。

　デジタルテクノロジーやそのツール、スキルの急速な進歩と普及は、研究図書館のコレクションやサービス、利用者の経験を変容し続けていくことが予想される。RLUK は、そのメンバーに対して、集団としての学習と変容の機会を提供し、新たなテクノロジーや方法論がもたらす課題を共有していくこととなる。開放性、包括性、持続可能性を伴いながら、その課題に挑戦していく。そこで、メンバーを積極的に支援できるのは次の 3 つのシフトの側面からである。

　第 1 に、デジタルへのシフトである。研究図書館のコレクションやサービス、利用者の経験、移行の意味の理解という点で、図書館全体にアナログからデジタルへの継続的な変容が生じる。第 2 に、デジタル内でのシフトである。デジタルに関係した教育と研究の基盤（デジタルスカラシップ）やツール、テクノロ

写真 3　学生センターの自習エリア
キャンパスのどこにいても図書館のデジタルサービスが利用できる。
© 2024 UCL

ジーの増殖は、研究図書館のコレクションの利用を革新し、サービスを再形成し、スキルやインフラ、利用者とスタッフや大学の利用可能な必須条件を変えていく。第 3 に、公平で健全なシフトである。デジタルサービスやツールの創造を、公平で、アクセス可能、環境的にも持続可能な創造として行うことが重要となる。

　こうした 3 つのシフトが生じてくるなかで、英国研究図書館コンソーシアムは具体的に、次の活動を行うとしている。

① デジタルシフト宣言（2022-2025）の内容を普及し、フォーラムを開催し、メンバーが革新的で持続可能なデジタルサービスを開発できるように支援する
② デジタルスカラシップネットワーク（Digital Scholarship Network）を通じて、メンバーの経験や専門性、能力を向上し、共通の課題に対応して、具体的なプログラムを開発する
③ 研究と学問の新たな形態を可能にする著作権の枠組みの必要性を含めて、AI を含めたテクノロジーの大きな変化に直面するなかで、その倫理的な利用を考えながら、研究図書館がいかに健全で公平にその技術を活用でき

写真4 科学図書館

　るか、を決定する
④ 多様なデジタル人材の養成戦略を計画しながら、メンバーのデジタルス
　キルの基礎を高めるためのプログラム、共有資源、スキルを共有する機会
　を作る
⑤ 研究図書館の利用者や大学内でのデジタル格差や差別の問題を、大学内
　であるいは連盟としていかに克服するかという問題について、優れた理解
　をもたらすように働きかける
⑦ デジタル研究の基盤としてデジタルの知識やコンテンツを創造する役割
　と、その持続可能な資金調達のための研究と提言を行うことで、全国的・
　国際的なパートナーや関係者との協力関係を作り出す

　UCL 図書館は、この連盟のデジタルシフトの活動へ協力し、図書館として
のサービスに活用しているが、デジタル教育については、英国政府が 2012 年

に設立した非営利組織 JISC（Joint Information Systems Committee、情報システム合同委員会）が、高等教育におけるデジタル教育の開発サービスを提供している。大学全体のデジタル教育チームを含み、UCL は、こうした政府機関や国際機関と連携しながら、そのデジタルシフトを進めていくことになるだろう。

　デジタル時代の学識やスキルは、テクノロジーの進歩に伴ってさらにその高度化と専門化が進められていく。大学の教育者や研究者、そして学生は、自らの学問や研究の進歩の加速化だけではなく、教育のテクノロジーの加速化に応じていくために、不断の継続的な学習が求められる時代になりつつある。

関連ウェブサイト
（以下の URL はすべて 2022 年 8 月 1 日取得）
・ユニヴァーシティ・カレッジ・ロンドン（UCL）https://www.ucl.ac.uk/
・教授と学習ポータルサイト https://www.ucl.ac.uk/teaching-learning/
・UCL 戦略計画 2016-21, https://www.ucl.ac.uk/teaching-learning/ucl-education-strategy-2016-21
・Connected Curriculum: a framework for research-based education, https://www.ucl.ac.uk/
　teaching-learning/connected-curriculum-framework-research-based-education
・UCL 図書館 https://www.ucl.ac.uk/library
・UCL Library Services Strategy 2019-22, https://www.ucl.ac.uk/library/about-us/ucl-library-
　services-strategy-2019-22
・UCL 図書館 annual report 2021, https://www.ucl.ac.uk/library/about-us/what-we-do
・ICL 探索スキル https://library-guides.ucl.ac.uk/library-skills-essentials/5-steps
・英国研究図書館コンソーシアム（RLUK）https://www.rluk.ac.uk/
・RLUK 図書館戦略 2022-2025, https://strategy.rluk.ac.uk/full-strategy/#introduction
・デジタルシフト https://www.rluk.ac.uk/digital-shift/
・JISC, https://www.jisc.ac.uk/

第9章
スタンフォード大学の図書館
図書館の物語

1. スタンフォード大学

(1) 大学の概要

　スタンフォード大学は、1885年に元カリフォルニア州知事のリーランド・スタンフォードと妻のジェーンにより設立された。前年に亡くした息子の名をとって、リーランド・スタンフォード・ジュニア・ユニバーシティと名づけられ、「人類と文明のために影響力を行使することで公共の福祉を促進する」ことを目的として、1891年に開校した。

　米国サンフランシスコの南東60キロメートルに位置し、シリコンバレーの中心にある総面積約8,000エーカー（3,300ヘクタール）の私立大学である。

　QS世界ランキングでは、2020〜2023年につねに上位3位以内の米国でもトップクラスの大学である。2021年の学生数は約17,000人（学部生7,700人、大学院生9,300人）、教員数約2,300人、職員数16,000人（経営専門職10,000人、行政・技術職2,000人）である。

　キャンパスには約700の建物があり、大学予算は2021〜2022年で74億ドル、寄付基金380億ドル、研究総予算17億ドルを持つ。外部資金研究プロジェクトも約8,000件と、教育と研究で大きな社会貢献をなしている。

　大学創設以来、これまでにミルトン・フリードマンやケネス・アローなど35人のノーベル賞受賞者を輩出している。また、卒業生には、フーバー研究所の由来となっている米国31代フーバー元大統領や多くの上院議員、Googleの共同創業者ラリー・ページ、ヒューレット・パッカード社の共同創始者2人、Netflix創始者リード・ハスティングスや多くの宇宙飛行士、芸能界ではシガ

ニー・ウィーバーやジェニファー・コネリー、プロデューサーの R. D. ザナックなど、錚々たる人材を輩出している。

　学生数からわかるように、スタンフォード大学には大学院生が多い。大学院として、次の 7 つのスクールがあり、人文科学、持続可能性、工学の 3 つのスクールに学部がある。

(2) 7 つのスクール

1) スタンフォードビジネススクール

　スタンフォードビジネススクール（Stanford Graduate School of Business, GSB）は、1925 年に後の大統領フーバーがビジネスリーダーを集めて西海岸のビジネススクールを開設したことに始まる。1933 年には GSB 図書館が開設される。1952 年よりエグゼクティブプログラムが開始され、管理職養成が始まる。1963 年にはペルーにビジネススクールを開設し、以後、南米、欧州への展開が始まり、1994 年にはグローバル管理プログラムが作成される。1996 年に起業研究センター、2000 年に社会革新センターを開設し、大学の起業家プログラムが大きく進展する。2004 年グローバル経済センター設立。2011 年ナイトマネジメントキャンパスへ移転し、発展途上国経済革新研究所（Stanford Seed）を設立。このうち、GSB の起業研究センターと社会革新センターは、シリコンバレーにおける多くのスタートアップ企業とその人材を養成しており、この 20 年間にその成果は、企業からの寄付金となって大きく大学の財政に貢献している。

2) ドーア持続可能性スクール

　ドーア持続可能性スクール（Stanford Doerr School of Sustainability）は、1947 年に開設された鉱物化学スクールが、地球・エネルギー・環境スクールを経て、持続可能性科学の大学院教育と研究を行うために総額 17 億ドルの寄付を得て、2022 年に開校した新しい大学院である。学生が地球、気候、社会を理解し、持続可能性の課題に社会的貢献をする知識や経験、スキルの習得をめざしている。スクールは、社会科学、地球科学、地質科学、エネルギー科学などの学部組織と森林環境研究所、プリコートエネルギー研究所の 2 つの研究所と持続可能性アクセラレーターから構成されている。

写真 1　スタンフォード大学のキャンパス
（2007 年 10 月 3 日撮影）　Jill Clardy/Wikimedia Commons, CC-BY-SA 2.0

　アクセラレーターは、インパクトラボ、革新的医薬品アクセラレーター、変革学習アクセラレーター、持続可能性アクセラレーターの 4 つの組織から構成され、それぞれに環境変化を加速する装置としての組織的役割が期待されている。後述する大学の長期ビジョンの 1 つである社会の変化の加速装置として期待されており、持続可能性実現のために世界中のパートナーと共同研究を行って問題解決がめざされる。

3）スタンフォード教育スクール

　1917 年に創設された教育大学院（Stanford Graduate School of Education）は、綿密な研究やプログラムの開発、世界の教育者とのパートナーシップを通じて社会の教育課題の解決に貢献することを目的としている。高等教育研究所のほかに 10 以上の研究センターを有し、発達段階に応じた教育や言語、教科、教授法の開発、政策研究に取り組んでいる。

4）スタンフォードエンジニアリング

　1925 年に開設されたスタンフォードエンジニアリング（Stanford Engineering）は、ほぼ 1 世紀にわたり、カリフォルニアだけでなく、シリコンバレーの中心に位置して、技術革新の研究と教育を行ってきた。大学院の理念として、多様性、公平性、包括性が重視され、学生、教職員には多様な社会的背景をもつスタッフと人材が集まっている。理念だけでなく、具体的な目標として

　① 未来の工学システムの基礎を提供する新しい知識の創造、発見を生む好奇心を育み問題解決につながる研究を展開する
　② 学生には世界規模の研究を基盤とした教育を提供し、学問や産業、社会のリーダーには広い研修機会を提供する
　③ 世界と社会の改善のために探究的で広範な学識を持った人や社会を変えるアイデアによって、シリコンバレーと世界への技術革新を進める

の 3 つを掲げている。
　このスクールには、9 つの学部（コンピューター科学、電気・電子工学、航空・宇宙、生物、化学、土木・環境、経営、材料、機械の各工学）に加え、宇宙開発から、人工知能、エネルギーやデザインなど 50 以上の研究所と研究センターがある。

5）スタンフォード人文科学スクール

　スタンフォード人文科学スクール（Stanford School of Humanities and Sciences）は、1922 年の生物科学スクールに続き、社会科学スクールや物理科学、人文スクールが開設後、1948 年に人文科学スクールとして統合され、スタンフォードのリベラルアーツ領域を担い、学部生のために 23 の学部、26 の学際的プログラムが提供される大学最大のスクールである。スクールとしての開設は遅いが言語や歴史、哲学など個々の学部には、大学創設時からの古い歴史を持つものもある。
　『二十日鼠と人間』『怒りの葡萄』『エデンの東』で著名なジョン・スタインベックは、1919 年に大学に入学したが、英文学と海洋生物学を学び、5 年後に中退している。

　1974 年には女性研究センターが設立される。2014 年にスタンフォードグロー
バルスタディーズが開始され、学生が 21 世紀の地球市民となるように、国際
インターンシップの学習機会を提供し始める。2015 年には、デジタル化に応
じたデジタル人文学マイナーを立ち上げ、学際的にテクノロジーを活用する人
文学を開始する。自己効力感の研究で著名な認知心理学者アルバート・バン
デューラは 2021 年に逝去したが、スタンフォードで彼の研究を支えたビング
幼稚園は、2016 年に 50 周年を迎えている。

6）スタンフォードロースクール

　学部を持たないこの大学院、スタンフォードロースクール（Stanford Law
School）は、1908 年に創設された専門的な法学教育機関である。大学創設者で
あり弁護士のリーランド・スタンフォードは、1891 年に法学部を設置し、初
代学長がスタンフォード・モデルと呼ばれる自由な法学教育モデルを考案し、
1893 年に開設した。1894 年には元大統領のベンジャミン・ハリソンを講師に
迎えた講義を行い、全国的な知名度を高めている。同年法律図書館のサービス
が始まり、1936 年に法学図書館が開設される。

　このスクールの卒業生は、マイクロソフト、Google、Yahoo などのシリコン
バレーの多くの企業と関わる法律事務所を開設し、スタートアップ企業や新
興企業に協力し、法律面での重要な人材として貢献している。20 世紀中には、
法学教育がグローバルに展開され、国際法学の研究も進展した。青年のための
法的保護プログラムや法的データの収集と利用、2008 年の法律専門家センター
や現場の実践を学ぶ法律クリニック、サイバー政策センターを含む数十のセン
ターや実験室などの法学教育と研究の発展は現在も継続している。

7）スタンフォードメディスン

　1913 年に創設されたスタンフォードメディスン（Stanford Medicine）医学大学
院は、スクールに加えて、スタンフォードヘルスケアとチルドレンヘルスの 3
つの組織から構成されている。免疫・移植・感染、がん、子どもの健康、幹細
胞・再生医療、心臓の 5 つの研究所、約 70 の研究センター、基礎医療と臨床
医療合わせて 31 の学科からなる大組織である。多様性、高精度治療、ヘルス

ケアとチルドレンヘルスによる地域医療に重点をおく政策をとっている。

このスクールの原則として、

① 学問の場であるという使命
② 世界水準の医学の追求
③ 優れた医療スタッフの育成
④ 病院を含めた医療活動、医師や教員の研究と教育への責任
⑤ 共同性と透明性を重視し、社会の先導的役割を担うこと
⑥ 計画と意思決定におけるコミュニケーションの重視
⑦ 学問を中心としながら変化する医療課題に対応する
⑧ 病院とスクール、学部の収益とその善用の重視

の8つが決められている。

(3) 大学のビジョン

大学のビジョンは、第1に大学の人々のアイデアからビジョンが生み出されること、第2に、大学がすべての人の幸福を促進するという創立時の目的を達成していくこと、そして第3に、そのための革新的な方法を提案していくということにある。

そこで重要なポイントは、1年次の学生から研究や教育を行う教員を含めて、大学がイニシアティブをとってイノベーションや人間の幸福と価値観や倫理を統合し、技術や社会の進歩の中心的存在となっていくことである。

その価値観や倫理として、

① 理想（包括性や多様性、公平性、学習機会の平等）
② ハブ（倫理、社会、技術をつなぐ）
③ 市民参加（パートナーシップ）
④ 教育における市民性重視
⑤ 優れた居住環境の達成

が求められる。

　大学はこうした価値観や倫理を次の 4 つのビジョンにまとめている。

① 持続可能な生活：人類と自然が共存できる未来の創造のために、大学は新たなスクールを創造する
② 人類の問題解決の促進：教員や学生がチーム活動を支援して世界のパートナーとの架け橋、促進者となることが求められる
③ すべての分野で進歩を生む触媒的発見：大学で学ぶ者は、知識の境界を探究する好奇心を持って活動し、社会的進歩の基礎を創造する
④ 市民とリーダーの育成：教育や居住地における対話、市民参加、包括性といった要素を大学教育に組み込み、学生が能動的な市民性を持った生活を行うようにする

　7 つのスクールは、それぞれにこれらのビジョンを組み込みながら、教育と研究を行っている。

　スタンフォード大学の 125 年の歴史は、ウェブサイト Stanford 125 において、研究と教育、そして大学と世界との物語にまとめられている。この物語を読むと、スタンフォード大学は、大学創設時から、大学の知的な資本と社会関係資本、そして技術を含めた文化的な資本を非常にうまく形成して、2 度の大地震により大学が破壊されながらも再生し、莫大な経済資本を生み、運用してきたことがわかる。特に、知的資本や文化的資本の形成において創設時から貢献し続けている組織に、各スクールの図書館がある。

2. 大学の図書館

(1) 大学図書館の概要

　スタンフォード大学の図書館は、1917 年に中央図書館を開設後、学生や教職員、研究者に情報資源の探求と調査、知識の創造と蓄積を支援する多様なリソースとサービスを提供している。大学の 20 の図書館のネットワークによって、リソースの提供、データ活用、テーマごとの専門司書サービス、デジタル

図表1　スタンフォード大学のおもな図書館

① セシルH．グリーン図書館 Cecil H. Green Library 1919（人文学）
② 音響記録アーカイブ Archive of Recorded Sound
③ ボーズ芸術・建築図書館 Bowes Art & Architecture Library
④ 地球科学図書館 Earth Sciences Library
⑤ ブランナー地球科学図書館 Branner Earth Sciences Library & Map Collections
⑥ ビジネス図書館 Stanford GSB Library
⑦ 古典図書館 Classics Library
⑧ カバリー教育図書館 Cubberley Education Library
⑨ 東アジア図書館 East Asia Library
⑩ ハロルド・ミラー海洋生物学図書館 Harold A. Miller Marine Biology Library at Hopkins Marine Station
⑪ フーバー研究所図書館 Hoover Institution Library & Archives
⑫ レーン医学図書館 Lane Medical Library
⑬ ラスロップ図書館 Lathrop Library
⑭ 音楽図書館 Music Library
⑮ ロバート・クラウン法律図書館 Robert Crown Law Library
⑯ ロビン・リーとメリッサ・マ科学図書館 Robin Li and Melissa Ma Science Library
⑰ SLAC 国立加速器研究所図書館 SLAC National Accelerator Lab Research Library
⑱ スタンフォード補助図書館 Stanford Auxiliary Library
⑲ タナー哲学図書館 Tanner Philosophy Library
⑳ ターマン工学図書館 Terman Engineering Library

その他の施設
アカデミーホール Academy Hall（SRWC）
デビッド・ラムゼー地図センター David Rumsey Map Center（セシルH．グリーン図書館内）

コレクションへのアクセスなど多様な方法を活用して教育と研究の便宜を図っている。また、ワークショップの開催、地理的ツールの利用紹介、シリコンバレーアーカイブなどを通じて、不思議と探究、発見の世界へ利用者を導いている。

　大学図書館は、書籍約857万冊、雑誌52万冊、画像53万点、地図20万点、音楽レコード32万点、楽譜14万点、ビデオテープや DVD 11万点、アーカイブ46,000点の資料を備える。図書館司書の数は、1つの図書館におよそ10～20人配置されており、200人以上がレファレンスとともに専門司書として利用者に対応しているとみられる。

　図書館が重視する価値として、次の点がリストアップされている。

①相互的な尊重を育成し、誰もが貢献し学び合う
②誠実、信頼、創造性、開放性を原動力とする

写真 2　セシル H. グリーン図書館
LPS.1/Wikimedia Commons, CC0 1.0

③ 多様性を尊重し、あらゆる種類の社会的差別、人種差別や性差別に反対
　する
④ 過去から現在までの不平等を認識し、公平で公正な方法で学び、成長し、
　行動するよう努める
⑤ 私たちのコミュニティと私たち自身のプライバシーを尊重し保護する
⑥ 個人的な責任と集団的な責任の両方を果たして成功を収める
⑦ 私たちは世界規模の専門的サービスを提供する未来志向のイノベーター
　であり、長期的な思想家となる

　大学図書館の司書はこれらの価値を参考としており、各価値観は、いわば大
学図書館の倫理であり、ビジョンともいえる。
　スタンフォード大学の特徴は、大学の長い歴史と現在における研究と教育の
発展を支える将来への投資にあるとみられるが、最後の価値観、「未来志向の
イノベーターであり、長期的な思想家となる」という価値観には、大学の古く

からの歴史、とりわけそれぞれのスクールの歴史と専門性が反映され、大学の教員、学生、司書や大学の同窓生を含む一人ひとりの価値と物語を非常に大切にしていることがわかる。大学の図書館についてもまた、教員、学生、そして司書の想いを、それぞれのスクールの図書館の物語から読み取ることができる。

(2) 図書館の物語

1) ビジネス図書館

　1933年に開設されたビジネス図書館（Stanford GSB Library）は、経営、政治経済、マーケティング、企業組織、国際ビジネス、各企業コレクション、産業統計など広範囲のビジネステーマの印刷資料と電子資料を蓄積し、利用に供している。1970年代よりコンピューターを導入し、1980年代初頭には学生も利用できる電子化を図っている。1990年代に入るとともに本格的な情報の電子化を進め、ローゼンバーグ企業研究センターとして、2011年まで運用され、現在は新たなナイトマネジメントセンターに移設されている。スタートアップを図る学生や教員用に企業、投資家、助成、未公開株式企業などの情報データを提供している。

2) ブランナー地球科学図書館

　1891年の大学創設時に、最初の教員ジョン・キャスパー・ブランナーが収集した5,000冊以上の蔵書と地図のコレクションを大学に持ち込んで利用に供したことが、地球科学図書館の始まりである。1915年にその私物は大学資産となり、2021年現在では125,000冊を超える蔵書と約270,000枚の地図コレクションとなる。さらに20世紀末には、GIS情報システムプログラムが開始され、そのためのソフトウェアやデータの専門家が雇用された。2010年以降は科学データ司書によるデータマネジメントが始まって、地球科学のデジタル化に貢献している。

3) ターマン工学図書館

　工学図書館は、当初いくつかの工学コレクションが中央図書館の工学資料と組み合わされて設立され、1942年に中央図書館の一画に開設された。本格

写真 3　カバリー教育図書館（1938 年 11 月）
Cubberley Education Library, CC-BY-SA 2.0

的な工学図書館は、1977 年に開館したターマン工学センターに設置され、約 16,000 平方フィートの面積の大図書館として生まれ変わった。その後 30 年経過し、施設の老朽化に応じて工学スクールが新たな工学センターに移転し、面積は 6,000 平方フィートと狭くなったが、蔵書そのものが電子化され、2010 年に正式名称を工学部の教員であったフレデリック・エモンズ・ターマンの名を冠した工学図書館として開館し、十分な電子機器を整備した図書館となり、コンピューター科学の中心的図書館として現在に至っている。

4）カバリー教育図書館

　教育図書館は、1891 年に大学のカタログと学校のレポートを資料とする小さな図書館から始まる。しかし、1898 年にエルウッド・パターソン・カバリーが教育部門の責任者として図書館を重視し、1917 年に教育学部の学部長になると同時にコレクションを充実させていく。1938 年に教育棟に移転して、彼の私財の寄付により本格的な図書館として開館した。

このほかにも、フーバー研究所図書館、音楽図書館、海洋生物学図書館など、それぞれの図書館に長い歴史があり、それぞれ独自のコレクションや蔵書、そしてデータが研究と教育のために保存され、活用されている。大学の長い歴史と物語がそれぞれの学問分野ごとに形成されており、大学図書館の物語を形づくってきた。

(3) 図書館利用者の物語

　大学はその歴史を Stanford 125 というウェブサイトにまとめている。一方、図書館もまた 100 年を超える物語を大切にし、独自のウェブサイト Beyond100（2022 年）を展開し、「好奇心を刺激する」「知識を高める」「学問を変える」の 3 つのテーマのもとで、多くの利用者の物語を紹介している。本章ではその物語のなかから、学生と研究者の物語を拾う。

1)「好奇心を刺激する」物語

　ハンナ・ブロデリック「スタンフォードの大学生活」（2017 年 10 月 11 日）

　　スタンフォード大学には、それぞれまったく異なる図書館があります。（私は）大学 1 年次からグリーン図書館をよく訪問していましたが、先週、ボーズ芸術・建築図書館で課題に取り組んだとき、個々の建物には独自の特徴と提供物があることに気づきました。
　　芸術図書館には豊富な DVD コレクションがあり、インターネットなどの他の場所では見つけにくい外国映画やインディーズ映画があります。（略）図書館には、不要かもしれないが実際には知識伝達に役立つ超ファンシーなスキャナーがあります。定期刊行物、高級雑誌が壁にそろえられ、美術界の問題に関する多様で最新の視点を提供しています。学生が専門的研究を行うための棚のスペースとプライバシーが確保された、大学院生用の個別閲覧室もあります。いろいろなトピックスにふれる展示ケースがあり、インドの独立で塩が果たした重要な役割が一見してわかるようになっています。
　　私は、この図書館で利用できる動画作成ソフトウェアやグラフィックソ

フトウェアを備えたコンピューターを使って、広大なネットを閲覧しました。この場所にいることがどれほど幸運なのか、楽しみました。食堂でほうれん草の炒め物を食べない日はないですし、ラグ湖を散歩したり、講義のためにズーニー族の神話を読んだり、カレン・ファウラーの講義を聞いたり、スタンフォードの学生としての生活に大きな喜びを感じない日はありません。

2)「知識を高める」物語
　テイラー・クボタ「スタンフォード大学の教職員と学生は、ゲームとインタラクティブメディアの研究を増やすべきだと主張する」(2017 年 5 月 3 日)

　　科学史・科学技術のキュレーター、H. ローウッドと I. リーデルクルーズは、スタンフォードのインタラクティブメディアやゲームセミナーシリーズを指導し、スタンフォードの教員や学生によるゲームとインタラクティブメディアのさらなる研究活動に賛同している。教育学研究科長のダニエル・シュワルツは、「人々は優れたゲームの大きな力を過小評価している」という。「最高のゲームは、発見と豊かな経験の驚異である」。彼らは、ゲームを含むインタラクティブメディアが人間の行動やストーリーテリング、社会について教えることが何かを探究している。

3)「学問を変える」物語
　アレックス・シャスケビッチ「数千のローマの歴史的画像がスタンフォードの研究者の支援により電子化される」(2017 年 6 月 29 日)

　　19 世紀の考古学者ロドルフォ・ランシアーニのコレクションから数千の画像が電子化され、世界におけるローマの変化を研究する学者を支援している。このアーカイブは、スタンフォード空間・テキスト分析研究センター、スタンフォード図書館、オレゴン大学、ダートマスカレッジとイタリア政府の 2 年間にわたる共同活動の成果である。

大学と図書館をめぐる人と組織の多くの物語の蓄積は、スタンフォードの新たな力となってその発展を支えていくことにつながっている。

関連ウェブサイト

（以下の URL はすべて 2022 年 9 月 10 日取得）

・スタンフォード大学　https://www.stanford.edu/

・大学統計（2022）https://facts.stanford.edu/wp-content/uploads/sites/20/2022/01/Stanford-FactBook2022-web-v7.pdf

・図書館 https://library.stanford.edu/

・図書館検索システム（SearchWorks.catalog）https://searchworks.stanford.edu/
　図書館統計が記載されている。

・Stanford 125, https://125.stanford.edu/happy-birthday-stanford/

・スタンフォードビジネススクール（Stanford Graduate School of Business）https://www.gsb.stanford.edu/

・スタンフォードドーア持続可能性スクール（Stanford Doerr School of Sustainability）https://sustainability.stanford.edu/

・スタンフォード教育スクール（Stanford Graduate School of Education）https://ed.stanford.edu/

・スタンフォードエンジニアリング（Stanford Engineering）https://engineering.stanford.edu/

・スタンフォード人文科学スクール（Stanford School of Humanities and Sciences）https://humsci.stanford.edu/

・スタンフォードロースクール（Stanford Law School）https://law.stanford.edu/

・スタンフォードメディスン（Stanford Medicine）https://med.stanford.edu/

・ビジネス図書館 https://www.gsb.stanford.edu/library

・ブランナー地球科学図書館 https://library.stanford.edu/branner

・カバリー教育図書館 https://library.stanford.edu/cubberley

・ターマン工学図書館 https://library.stanford.edu/englib

・Beyond 100, https://library.stanford.edu/beyond100

・Spark Curiosity, https://library.stanford.edu/beyond100/spark-curiosity

・Elevate Knowledge, https://library.stanford.edu/beyond100/elevate-knowledge

第10章
シェフィールド大学の図書館
総合的なコンテンツ戦略

1. シェフィールド大学

(1) 大学の概要

　これまで本書では、QSランキング全体でのトップクラスに属する大学や、英米の図書館史でも著名な大学を中心にとりあげてきた。対して、本章でとりあげるシェフィールド大学は、大学のQSランキングでも96位の大学である。しかし、QSランキングの分野別順位、とりわけ図書館情報学の分野では、2021〜2022年にかけて1位の座を占めている（2022年TIMES世界大学ランキングでは世界50位内にあり、英国内で14位となっている）。この、それほど知られていない大学が、なぜ図書館情報学の分野で評価されているのであろうか。

　シェフィールドはイギリス、イングランド中部の工業都市であり、マンチェスターの東50キロメートルに位置している。マンチェスター同様、英国の産業革命を支えたが、一時衰退しながらも、現在は人口約50万人の科学技術と学術の都市として発展の様相を示している。

　シェフィールド大学は、1828年に設立された医学校、1879年のファースカレッジ、1884年のシェフィールド・テクニカル・スクールを母体として創立され、1905年にシェフィールド大学として開学した。2021年の学生数は約30,000人、教職員数は約8,000人で、うち学術スタッフは3,700人（教員数800人、研究スタッフ1,600人、教授研究スタッフ1,300人）となっている。

　学部は、芸術・人文学部、工学部、医学・歯科学・健康学部、理学部、社会科学部の5つがあり、学科数は55に及ぶ。キャンパスは、シェフィールドを中心に分散した建築群があり、研究所としては、世界規模の研究革新ネットワー

クを有する先端製造研究センター（SMRC）がある。SMRCはその顧客として、ボーイング社、ロールスロイス、マクラーレン、エアバスなどの大企業から小企業まで、120社の企業と連携している。

(2) 大学のビジョン、価値と4つの戦略の柱
　大学のビジョンは、次のように述べられている。

　　　私たちは、学生や卒業生の生活を変えるだけではなく、私たちの世界を
　　形成するような生活向上のための研究とイノベーション、教育を提供する。
　　その目的を達成する最善の方法は、意欲的で包括的、協働的なコミュニティ
　　を育てることである。

大学は、次の価値観によって導かれるという。

　　　私たちは大志をもって、自分たちが行うすべての面で卓越性をめざして
　　努力する。協働的活動の可能性を信じる。包括的で多様なコミュニティを
　　支持する。私たち自身と広い世界に責任を負う。自分たちが行う決定につ
　　いてオープンで透明性を持つ。

　こうしたビジョンや価値観を実現するために、大学の重要な目的は、国際的な研究やイノベーション、教育を普及することに置かれる。その目的の1つが、「1つの大学」（One University）と呼ばれる包括的活動である。この活動に加えて、「研究」「イノベーション」「教育」の4つがビジョン実現の柱となっている。
　第1の柱である「研究」は、独自で革新的な研究として世界をリードし、世界を変えるようなものがめざされる。知的な進歩を促し、グローバルな課題に取り組むような高度な研究を生み出す。
　「研究」の優先事項は、第1に卓越性、第2に大学院の学生による研究である。
　卓越性では、大学全体のコミュニティにわたる卓越した研究文化を促進する。各領域をリードする研究の収入や施設を支援して、国際的に認められた成果を生んでいく。

　大学院の学生による研究とは、研究の卓越性やイノベーティブな訓練、研究者の養成や生活保障への取組によって、研究者をめざす大学院生が選択できる機関へと変化させることである。

　第 2 の柱の「イノベーション」では、大学の革新的な研究と事業が世界の緊急課題に取り組む。大学全体でのイノベーションと起業家精神による卓越性の文化が促進される。

　「イノベーション」の優先事項 1 は、影響力であり、知識の交換やイノベーションを発展させ、大学の影響力の強化を図る。

　優先事項 2 は、AMRC（先進製造研究センター）に代表される英国全体にわたる協働的活動の「先進製造グループ」モデルの開発と拡張である。大学全体での優れた実践事例としてのアプローチをとる。

　優先事項 3 は、南ヨークシャーである。経済面、住民の健康と福祉および環境面、そして文化的な豊かさと多様性といった面で、南ヨークシャー全域にわたる指導的役割を果たすために研究や教育、知識交換における卓越性を示す。

　第 3 の柱が「教育」である。研究に重点を置くプログラムは、優れた学生の多様なコミュニティを動機づけ、集中させ、課題を提供する。大学院生は、しっかりとした価値観や倫理、基準によって指導された信頼できるグローバルな市民として注目されるように準備され、社会に重要な貢献ができる存在となっていく。

　「教育」の優先事項 1 は、ポートフォリオ（学習履歴）である。プログラムでは学生のニーズに応え、大学院生のキャリア上の成功のための知識やスキルを開発しようとしている。その研究と学習が調整されたポートフォリオを形成し、提供している。

　優先事項 2 は、雇用可能性の向上である。カリキュラム内外で学習と体験の価値を与える雇用可能性の分野ごとのビジョンを提供する。

　優先事項 3 は、デジタルの経験である。豊かで多様で包括的なデジタル教育と学習の環境を計画し提供する。その環境において魅力的で優れた教授を支援し、すべての学生が学習に効果的に参加できるようにする。

　第 4 の柱である「1 つの大学」とは、幅広い社会的背景や属性、文化を持つスタッフや学生を 1 つの多様性をもったコミュニティとして構築し、スタッフ

と学生が成功し活躍できるように支援して、包括的で協働的な環境の創造をめざす。

　「1つの大学」の優先事項1は、協働的で支援的な文化の形成にある。スタッフや学生全員が大学の発展への積極的な参加者になるような協働的文化を育てていく。

　優先事項2は、多様性と包括性である。すべての人の能力、社会的背景、信念や生活様式を互いに認識し大切にする1つの多様性を持ったコミュニティを作る。大学コミュニティの全構成員が参加意識を持ち、相互に尊敬されていることが保証される文化を形成する必要がある。

　優先事項3は、ウェルビーイングである。スタッフや学生のウェルビーイングを支援し奨励する積極的な環境を作っていく。自分たち自身のウェルビーイングのために各個人が責任を持つように力づけていく環境である。メンタルヘルスの戦略の改善を通して、過剰なストレスを減らし、適切な研修や支援の場を設け、自分のウェルビーイングを向上するツールを提供する。

　優先事項4は、持続可能性である。大学の目的は、英国で最も持続可能な環境の研究集約大学の1つになることである。そのためには大学が行うすべての面、たとえば学生に提供する教育、国際的な研究のイノベーション、キャンパスの管理と地域環境の面を通じて持続可能性を保証していく。

　優先事項5は、慈善活動（philanthropy）である。大学で最初の何億もの資金募集と社会参加キャンペーンに着手し、慈善活動の収入を増やし、その事業の多様化によって、スタッフや学生、同窓生の間に帰属感や参加意識を生み出していく。

　こうしたビジョンと価値観、4つの柱は、大学図書館のめざすビジョンや戦略に引き継がれている。

2. 大学の図書館

（1）大学図書館の概要

　シェフィールド大学の図書館は、ウェスタンバンク図書館、インフォメーション・コモンズ、工学部図書館のザ・ダイヤモンド、医学部の健康科学図書

写真 1　ウェスタンバンク図書館
Terry Robinson / Western Bank Library, The Arts Tower Complex, Winter Street, Sheffield - 1 / CC BY-SA 2.0

館、の 4 つからなる。

　最近の図書館としては、インフォメーション・コモンズが 2007 年に開設され、工学部の図書館は、ザ・ダイヤモンドそのものの開設と同時に 2015 年に開館している。インフォメーション・コモンズは、ラーニング・コモンズと情報センターとしての役割を持ち、コンピューターが多数設置・共同利用され、協働学習の場としてグループ学習用の学習スペースが提供されている。

　図書館資料としては、90 万点を超える電子書籍、100 万冊の活字メディア、6 万冊以上の雑誌タイトルにアクセスできる。また、学習スペースも約 4,000 か所用意されている。学生の約 8 割が自分の学習に図書館資料を活用したと回答している。

　また、特に資料としてユニークなコレクションが全国博覧会・サーカスアーカイブ（National Fairground and Circus Archive）である。このアーカイブは、英国のエンターテインメントの歴史として、旅行のエンターテインメントから、初期の映画、遊園地、サーカス、マジック、ボクシングなどの独自の形式の娯楽作業をめぐる資料に加えて、世界の博覧会や地図、新聞コレクション、ポスター、

パンフレットやプログラムが収集され、展示されている。その他にも17世紀の自然哲学者ハートリブのコレクション、1950年代からの英米の詩集コレクション、1905年以降に収集された多様な遺産コレクションなどが展示、保管されている。

(2) 図書館の使命とビジョン

シェフィールド大学図書館の使命は、利用者が知識の創造、適用とコミュニケーションのために情報の世界へアクセスし、利用できることである。

そのビジョンとして、シェフィールド大学図書館は、複雑な情報世界内での知的な発見と学習、そして新しい知識創造への刺激をもたらす国際的でダイナミックな研究図書館となることが考えられている。現実空間でもデジタル空間でも大学の学習と研究のコミュニティを豊かにする人とコンテンツへの参加経験を提供する。都市や地域と結びつき、図書館ネットワークを通じて世界の学問の進歩に貢献していく。そのために、学生の学習と成功、卓越した研究とその成果、コンテンツとコレクション、オープン図書館の実現、戦略的パートナーとの連携、そして、クラウドを基盤とした図書館ネットワークのような未来組織の可能性の実現をめざしている。

(3) 図書館の総合的なコンテンツの戦略

本書ではこれまで、いくつかの大学図書館の戦略や計画をみてきたが、シェフィールド大学の図書館で提供されている総合的コンテンツ戦略（Library Comprehensive Content Strategy）は、各大学図書館に共通する要素を持ちながら、独自の総合的な戦略としてまとめられている。シェフィールド大学図書館が持続的に維持しようとしている図書館の使命と標準の概要は、次の7つの項目から構成されている（以下、「図書館の総合的コンテンツ戦略」を翻訳引用）。

1) 目的

本戦略は、大学図書館が利用者コミュニティへのサービス活動を提供する方法を決める。大学のデジタル教育の目標や公正でオープンな研究環境を発展させるという目標を支援する。そのため、次の方法を規定する。

写真 2　インフォメーション・コ
モンズ
Markpeak/Wikimedia Commons, CC-BY-
SA 3.0

　第 1 に、大学での教育や研究で求められるコンテンツへのアクセスを提供する。
　第 2 に、大学の研究を紹介する継続的な文化的価値をもったコレクションを
構築し、運営し、共有する。
　第 3 に、学術出版や学問的コミュニケーションを変えていく。

2）原則
　大学図書館は、次の中心的な原則にもとづく大学の価値に沿ってコンテンツ
を獲得し、運用し、発展させる。

① 利用者中心の原則：利用者のコミュニティのニーズと観点の理解に努め、
　それらに沿った活動を行う。そのニーズと観点を理解できる根拠を収集する
② 透明性の原則：図書館の活動や意思決定を公開する。その意思決定が原

則と対立するような場合にも説明が公開されるようにする

③ 公開性の原則：オープンな研究環境の発展のために努力し、促進に努める

④ 持続性の原則：過度の環境問題を引き起こすような活動を行うことなく、経済的に最高の価値を達成するように努める

⑤ 包括性の原則：図書館職員や大学全体のコミュニティにわたる多様性の欠如から生まれる歴史的でなおも残存する偏見を深く考えていく。図書館のコレクションやより広い活動において失われた声を含む資源の探索に努める

⑥ 倫理的原則：図書館は社会的な責任を持って、既存の不平等を助長する行為は行わない

3）サポートするコミュニティ

　図書館の重要なコミュニティとは、大学の教員、研究者そして学生である。主要な研究図書館として、そのコレクションは、組織を越えた学問的研究に貢献する。同時に図書館は、大学の同窓生やシェフィールドの市と地域のいっそう広いコミュニティを支援する。このコミュニティは、一様なものではなく、多様な学問や社会的文化的背景を持つ人々から構成される。コンテンツを提供し、収集し、運用する方法という点でも、この差異性を理解する。大学のコミュニティのニーズを調整し、各コミュニティとのコミュニケーションがつねに開かれているように努める。

4）パートナーシップ

　大学図書館のサービスの必要条件を広げるために、図書館は、商業的な出版社や事業者と密接な関係を持って活動し、その関係の制限を受けながらも私たちの原則にそったイノベーションを行うために影響力を行使する。

　デジタル教育やオープンリサーチを支援しながら、図書館の戦略的目標を達成するために、各領域のパートナーやコンソーシアム、研究補助団体、地域団体とパートナーシップをとって活動する。

　そのパートナーシップには、これまでに紹介したJISCやRLUK、英国大学図書館の代表的団体である英国国立・大学図書館協会（Society of College, National and University Libraries, SCONUL)、公共図書館や大学図書館との連合体 LIBER などがある。ホワイトローズライブラリーズは、シェフィールドやヨーク、リーズの大学図書館の戦略的協働組織である。オープン書籍のために、ホワイトローズ大学出版協働組織のイノベーションプロジェクトを行うことを目的にしている。

5)　コンテンツへのアクセス

　大学図書館は、アクセス可能で持続可能、そして合法的に、大学の利用者コミュニティのために学術的書誌的なコンテンツにアクセスできるようにする。このコンテンツへのアクセスは、教育と学習の両方にとっても、また大学の研究にとっても重要である。大学図書館はまた、深く教育的で社会的な読書の役割についても認識している。

　ピアレビューやいっそう広い学術的な文献へのアクセス、オリジナルな研究に役立つ1次文献資料へのアクセスも提供する。人間的であれ、コンピューター上であれ、すべての形態の読書や分析ができるように努める。そのアクセスは、次のような方法で提供される。

① オープンアクセス：コンテンツへのアクセスを提供する責任を果たす好ましい方法は、すべての人に倫理的、持続可能でオープンなアクセスを認めることである

② デジタルアクセス：教育的、学術的あるいはアクセス可能性という指示が特にない場合は、コンテンツは電子的に提供されるという前提に立つ

③ 有料の購読：学術出版において限定的な独占や高い利益を生まないようなコンテンツやビジネスモデルを優先しながら、オープンアクセスできないような商業的コンテンツは購読していく

④ オーナーシップ：図書館は、コレクションの発展のためにコンテンツのオーナーシップを求めていく。その場合、オーナーシップは、利用者コミュニティにコンテンツを供給するうえでいっそう経済的な方法となる

⑤ 情報資料の基盤：コンテンツにアクセスできる基盤を固め、支援することで、コンテンツのアクセス可能性を高める仕事に責任を持つ

提供されるコンテンツに関しては、中立性を求めることができないことを大学図書館は認識している。競合的で物議を醸すようなコンテンツに関しては、利用者コミュニティの観点を調整する努力が必要となる。私たちは表現の自由を信じるが、すべての人にとって安全で包括的な環境への責任を優先できない場合がある。

　また、大学図書館は、大学の教育や学習、研究を促進するために資料を獲得する。そうすることで、情報や知的自由への普遍的なアクセスの原則を支えている。コンテンツ内で表現されているアイデアや意見という理由から資料を排除することはしない。図書館コレクション内のどのような固有の資料が存在するとしても、そのことはコンテンツ内で表現されたアイデアや意見を承認しているということを意味するわけではない。

6）コレクション

　大学図書館は、大学の歴史にわたって構築されてきたコレクションを所有し、運営している。そのコレクションは、広範囲の資料とフォーマットを含む。

　コレクションは、できるだけ広く利用されるために存在し、大学の使命を支えている。このコレクションの価値は、多くの方法で引き出される。

① 学術的価値：大学図書館は、学術的研究の記録を提供する。発見の普及、データや元資料の精査は、この研究が社会に及ぼす影響力を支える
② 文化的価値：図書館のコレクションは、世界の知的遺産の一部となる。大学の管理的な必要を越えた独立した価値を持つ
③ 象徴的価値：何が保護され、どのように保護されるかは、知的な価値として何が考えられたかを示す力強い象徴となる。結果として、図書館のコレクションは、大学の広い目標を実現し、包括するべき根本的なメッセージを含むものとなる
④ 組織的で学芸的な価値：コレクションの組織、描写と表現は、コンテンツそれ自身に沿った意味と価値を持つ
⑤ 保存的価値：学術図書館と文化的な組織の広範なネットワークの一部として、図書館は、後世までコンテンツへのアクセスを保護する責任がある

⑥ 操作的価値：コレクションは、利用者コミュニティにコンテンツへのアクセスを提供する手段ともなる

⑦ 財政的価値：図書館のコレクションは、重要な資料の獲得、維持、配置を行わなければならないように、長年にわたる重要な財政的責任を生む

　多様なコレクションは、多様な価値を生む。この価値は、支援対象の利用者コミュニティによって適切に利用されることで示される。大学図書館は、ユニークで適切であり、大学の教育と研究を支え、その研究成果を広く世界に示すコレクションの構築と保存を優先していく。

7) 影響力の行使

　シェフィールド大学は、国際的なコレクションと数億ポンドの予算を持った研究図書館を運用している。研究と教育の広い目標を支えるこの立場を用いる責任がある。発見可能でアクセス可能、相互運用や再利用可能という原則を守りながら、図書館は大学のデジタル教育戦略やオープンリサーチの文化の創造を支援する。コンテンツの購入やコレクションの維持を越えて研究成果出版のプロセスに至るまでの図書館の役割について考える必要がある。

　大学の学術部門やほかの専門サービス、他部門のパートナーとともに、図書館は、学問的なコミュニケーションの変化において重要な役割を果たしている。世界のほかの図書館やアーカイブの努力と協働しながら、図書館は私たちのコレクションを包括的に構築しなければならない。

　このコミットメントは、利用者個々人が学術出版における自分たちの権利をよりよく主張できるための利用者コミュニティとの対話に基づいている。図書館は、学術出版の種々の強制的制約や高額な購読料の設定に反対する。

　職員配置や資源と予算のコミットメントにより、商業的利益の追求を越えた知識の普及に価値をおく図書館というだけにとどまらない先進性を支持する。図書館は、いっそう広い文化的景観を理解し、私たちがアクセスを提供するコンテンツがすべての学習者にとって公平で公正な合意事項に沿うものとなることを保証する。

以上、長い翻訳引用となったが、これだけ総合的に図書館コンテンツに関する方向性を示している大学図書館はあまりみられないのではないだろうか。有名大学の図書館の場合は、学部ごとに図書館があり、図書館サービスとして、総合的な形でまとめることが難しい理由もあるかもしれない。

　しかし他方で、このコンテンツの総合的戦略は、シェフィールド大学図書館の場合、大学のビジョンである「1つの大学」の図書館バージョンということができるだろう。実際、図書館の年次報告書でも「1つの大学」の理念が強調されている。同報告書の最後には、2人の学生から図書館へのラブレターが掲載されていた。

関連ウェブサイト
（以下の URL はすべて 2022 年 10 月 10 日取得）
・シェフィールド大学 https://www.sheffield.ac.uk/
・シェフィールド大学大学の概要 https://www.sheffield.ac.uk/about/facts/summary
・シェフィールド大学大学図書館 https://www.sheffield.ac.uk/library
・シェフィールド大学大学図書館年次レポート https://www.sheffield.ac.uk/media/35136/
　download?attachment
・「図書館の総合的コンテンツ戦略」https://www.sheffield.ac.uk/library/about/content-strategy

第11章
ハーバード大学の図書館
知のコミュニティ

1. ハーバード大学

(1) 大学の概要

　ハーバード大学は、1636年9月8日にマサチューセッツ州に米国最初の大学（カレッジ）として設立された。設立は、マサチューセッツ湾植民地の裁判所の投票によって行われた。1638年、ジョン・ハーバードが財産の半分と四百冊以上の本を寄付し、この蔵書が図書館の起源となった。

　大学のおもな歴史を見ると、1817年ハーバード・ロースクール設立、1839年ハーバード大学天文台設立、1894年ラドクリフカレッジ設立、1896年フォッグ美術館開館、1908年ハーバード・ビジネススクール設立、1913年ハーバード大学出版局設置、1915年ワイドナー図書館開館となっている。

　大学の卒業者には著名人が多い。大統領では、1755年にジョン・アダムズ（2代）、1904年にF. D. ルーズベルト（32代）、1940年にジョンF. ケネディ（35代）、1975年にジョージ・ブッシュ（43代）、1991年にバラク・オバマ（44代）が卒業している。政治家ではヘンリー・キッシンジャー、韓国初代大統領李承晩、学者では科学哲学者トーマス・クーンや歴史学者エズラ・ヴォーゲル、心理学者スキナー、経済学者ガルブレイス、実業家ではビル・ゲイツやマーク・ザッカーバーグ、デイヴィッド・ロックフェラー、作家ではノーマン・メイラーやマイケル・クライトンなど、多様な分野で世界の指導者となった人々である。

　大学の目的は、優れた教育、学習と研究への貢献、そして世界に変化をもたらす指導者の育成におかれている。

　大学のキャンパスは、米国マサチューセッツ州ケンブリッジ市と、ボストン

図表1　ハーバードのカレッジとスクール

カレッジとスクール	設立年
ハーバード・カレッジ	1636
ハーバード・メディカル・スクール（医学、HMS）	1782
ハーバード神学校（神学、HDS）	1816
ハーバード・ロースクール（法律、HLS）	1817
ハーバード歯学スクール（歯学、HDS）	1867
ハーバード・ケネス C. グリフィン芸術科学大学院（学芸科学、HGSAS）	1872
ハーバード・ビジネス・スクール（ビジネス、HBS）	1908
ハーバードデザイン大学院（デザイン、GSD）	1914
ハーバード教育大学院（教育、GSE）	1920
ハーバード T. H. チャン公衆衛生スクール（公衆衛生、HSPH）	1922
ハーバード・ケネディ・スクール（政治、HKS）	1936
ハーバード J. A. ポールスン工学・応用科学大学院（工学・応用科学）	2007
ハーバード継続教育部（継続教育、HES）	1910
研究所など	
ラドクリフ高等教育研究所（高等教育・女性問題）	1894

　郊外のオールストーン、ロングウッドの3か所に分かれているが、オールストーン地区とケンブリッジ市はチャールズ川対岸に位置しており、その周辺は多くの大学が集まる文教地区となっている。ロングウッドには医学、歯学と公衆衛生学のスクールがある。

　およそ3キロメートル離れた地区に、世界でもトップの地位を走り続けるマサチューセッツ工科大学（MIT）がある。設立当初は競合的関係にあったが、20世紀以降には単位互換などの教育の共有化と研究の協働を進めている。2012年には、MITとハーバード大学のオンライン教育プラットフォーム、edXを立ち上げ、コースの開発、教材の提供などデジタル教育の世界戦略を共同で進めている。その他にも多くの協働プロジェクトを進めており、大学間の強力なネットワークが生まれている。

　ハーバードカレッジ、工学・応用科学大学院、学芸科学大学院、ハーバード継続教育部の4つの組織はまた、ハーバード大学学芸科学部（Faculty）と呼ばれる学部組織を形成している。

　上記のうち、ハーバード継続教育部では、ハーバード・エクステンションスクール、ハーバード・サマースクール、専門研修プログラム（Harvard Professional Development Programs）、退職者学習研究所（Harvard Institute for Learning in

146

図表 2　カレッジとスクールの学生数（2021）

	フルタイム	パートタイム	計
カレッジ	7,095	0	7,095
学芸科学	4,616	15	4,631
ビジネス	1,869	0	1,869
歯学	255	0	255
デザイン	904	3	907
神学	345	1	346
教育	705	364	1,069
政治	1,144	62	1,206
法律	2,001	0	2,001
医学	1,063	162	1,225
公衆衛生	599	394	993
継続教育　学部	241	2,822	3,063
継続教育　大学院	282	568	850
計	21,119	4,391	25,510

Retirement, HILR）の 4 つのコースを提供している。

　エクステンションスクールの歴史は古く、その開設は 19 世紀のローウェル研究所にまでさかのぼる。ただし正式な開設は 1910 年からであり、100 年以上にわたり成人教育が行われ、正式な学位も学部、大学院として認定されるようになっている。

　サマースクールも 1871 年から多くの講座を提供し始めており、英米の成人教育や高等教育の歴史からみても、ハーバード大学はオックスフォードやケンブリッジと同じころから大学拡張に取り組んでいたことがわかる。

　他方、HILR は 1977 年から、専門研修プログラムは 2011 年から始まっており、社会全体の生涯学習の流れや知識の専門化・高度化に沿ったプログラムが提供されている。

　継続教育全体で 70 以上の学位や資格が提供され、120 の学科プログラム、60 か国以上の約 3 万人の学生が学んでおり、オンライン学習のプログラムが開始されて以後、その数はさらに増大している。

　大学の学生数（大学院生を含む）は約 25,000 人で、2021 年度のデータでは図表 2 のような分布となっている（工学・応用化学大学院のデータはスタッフのみに公開されているためここに含まれない。2022 年度春のデータで、職員数 147 人、研究者 642 人、スタッフ 232 人、学部生 1,123 人、大学院生 682 人となっている）。

1938 年にデューク大学からハーバード大学の大学院生として入学したジェローム・ブルーナーは、その後心理学を学び続け、1952 年に認知研究の計画を開始し、1956 年に認知科学の誕生をもたらしたといわれる『思考の研究』を刊行した。また、1960 年には認知科学センターを設立し、20 世紀における認知科学の発展につくした。彼はその研究を実践的な教育現場にも導入して、教育学の名著『教育の過程』を著し、日米いや世界の教育学、心理学に大きな貢献をもたらした。彼のハーバード大学時代の学習と研究は、『心を探して』という彼の自伝に詳しく書かれている。

　　　講義とゼミナールのすべてにわたって、大学院学生の「授業」は、実に師弟関係（a master-student relationship）であった。つまりラシュレー（教授）であろうとオールポート（教授）であろうと、また誰であろうと「共に研究」できたのである。大学院の学生の間では議論は絶えることがなく、きわめて気さくで、しかも関心の共有が心底から誠実になされるのだった。（ブルーナー、邦訳 p. 54）

　大学院生自体が「心理学」研究者として扱われ、研究活動の中心に放り込まれて論文まみれの生活に入ったことを、彼は嬉しそうに書いている。またすでに 1960 年代には、MIT との心理学協働プロジェクトが行われたが、彼自身は参加していない。

　1960 ～ 1970 年代の大学紛争の後、雑誌『ザ・ニューヨーカー』の記者カーンが著した『ハーバード　生き残る大学』では、その歴史、エリート大学としての卓越性、自由主義、大学自治、盛んな学生活動、財政などを詳述している。

　神学部から始まったために、エリート聖職者を生むことが中心だった大学が 18 ～ 19 世紀にかけて多くの階層に門戸を開き、政治や経済の学問が展開されていった様子、非常に莫大な大学予算、この大学は複雑であり、「ハーバードは、よい大学ならそうあるべきであろうが、たえず変遷している」（カーン、邦訳 p. 309）という。

　学生層は大きく変化し、20 世紀には学生に西欧文明の歴史的伝統を周知させることが大学の役割になっていったとしている。英国の哲学者であり、ハー

バードの哲学教授でもあったホワイトヘッドの 1928 年の言葉から、「大学の存在意義は、学問を想像豊かに考察するなかで、若者と老人を結びつけることにより、知識と生きるよろこびとの間のつながりを保つことです」と引用している。

　ただし、カーンによれば、すでに 1960 年代の学生は、この知識中心主義に我慢していなかったし、信頼していなかったという。むしろ、学生は「知的問題よりは社会的問題に関心を持っているし、教員の多くも同じである」と述べている（カーン、邦訳 pp. 90-91）。学生や教員の関心が移りつつも、同書ではハーバード大学の自由主義の伝統が引き継がれていることを強調している。特に、この 1960 年代から 1970 年代にかけての大学紛争は、ハーバードにおける反人種差別主義と女性解放の運動に大きな影響をもたらした。

　ハーバード大学の教員と学生の研究や学習を支えるうえで大きな力となったのが大学図書館である。ブルーナーは、大学院生になって早々、次のように記している。

　　　エマーソンホールのロビンズ哲学・心理学文庫の「常連」になった。そこに私はまた研究室をもっていたが、それはかつて E. L. ソーンダイクが使っていたのだった。エマーソンホールは、私の家になった。（ブルーナー、邦訳 p. 53）

2. 大学の図書館

(1) 大学図書館の概要

　ハーバード大学の図書館は、1638 年に開かれた米国最古の大学図書館であると同時に、現在でも米国最大の大学図書館ということができる。700 人のスタッフが働き、2000 万冊の書籍、600 万件のデジタル化資料、100 万件の地図・空間データ、40 億点の手紙や写真などの資料が保存されている。また、19 世紀の図書館長シブレイや 20 世紀の歴史学者シップトンは、第 1 回卒業生から1830 年までの同窓生の伝記を執筆し続け、それ以後は多くの卒業者が自ら執筆した自伝を寄付する伝統が続き、世界の指導者の重要な資料となっている。

　図表 3 にはハーバード大学のおもな図書館を列挙する。その数は約 30 で、

図表3　ハーバード大学の図書館一覧

スクール内図書館		設立年
ハーバード神学校図書館	ハーバード神学校（HDS）	1816
ハーバード・ロースクール図書館	ハーバード・ロースクール（HLS）	1817
フランシス・ローブ図書館	ハーバード・デザイン大学院（GSD）	1900
ベイカー図書館と特別コレクション	ハーバード・ビジネス・スクール（HBS）	1908
カウントウェイ図書館	ロングウッドの医学図書館（HMS, HDS, HSPH）	1958
ガットマン図書館	ハーバード教育大学院（HGSE）	1972
米国女性史に関するシュレシンガー図書館	ラドクリフ高等研究所	1999
ライブラリーアンドリサーチサービス	ハーバード・ケネディ・スクール（HKS）	1936
理工系複合図書館	工学・応用科学大学院（SEAS）	2007
主要図書館		
エルンスト・マイヤー図書館	比較動物学博物館	1861
ファイン美術図書館	芸術・建築史研究	1895
ワイドナー図書館	基幹図書館、ハリー E. ワイドナー記念図書館	1915
ハーバード燕京図書館	東アジア関係資料（中日韓など）	1928
ホートン図書館	稀覯本コレクション	1942
植物学図書館	1842 年来校アサ・グレイコレクションに始まる	1954
ローブ音楽図書館	音楽研究	1956
ハーバード・フィルム・アーカイブ	映画のコレクション、保存、展示	1964
キャボットサイエンス図書館	科学と工学の研究と教育をサポート	1973
ハーバードマップコレクション	50 万以上の地図コレクション	
ラモント図書館	人文科学・社会科学	
トザー図書館	人類学・考古学	
その他		
ハーバード大学アーカイブ	ハーバード・コーポレーションによる管理	1851
アーノルド樹木園園芸図書館	植物学、植物科学、都市林学、東アジア	1872
ウッドベリー詩室	ラモント図書館内。オーディオ資料室	1931
ダンバートン・オークス研究図書館	ワシントンDC	1940
ビブリオテカ・ベレンソン	イタリア・ルネッサンス研究	1961
ヴォルバッハ図書館	宇宙に関する研究を支援	1975
ファン図書館	中国、日本、ロシアなどアジア研究を支援	2005
ロビンズ哲学図書館	哲学研究	

読書室や学習スペースなどの規模のものを含めると 90 近くになる。

　国際的な指導者を生むという大学の目的は、ハーバードのロースクール、ビジネススクール、ケネディスクールなどの大学院から、国際的にも優れた指導者を輩出していることにも表れているが、本章ではその詳細にはふれない。しかし、各スクールの図書館資料、データベースやコレクションの充実は、同窓生の経済的力、政治的力によるところも大きく、大学創設当初から図書館への寄付や寄贈が続いている。

写真1　ワイドナー図書館
Joseph Williams/Wikimedia Commons, CC-BY-SA 2.0

　ハーバードのワイドナー図書館（ハリー E. ワイドナー記念図書館）は、エレノア E. ワイドナーから 1915 年に寄贈された図書館であり、大学図書館全体で最も重要な図書館として位置づけられている。エレノアの息子ハリーはハーバードの 1907 年卒業者であったが、タイタニック号とともに海に消えた。愛書家の息子の蔵書の寄贈に合わせて、50 マイルを超える棚を備え 300 万冊を保存できる大図書館が記念に建設された。この大図書館も増大する蔵書量に応えるため、1999 年から 2004 年にかけて改築されて現在に至っている。

　1960 年代の大学紛争について詳述したカーンの前書には、ワイドナー図書館について次の記述がある。

　　ワイドナーはある者には墓のようにみえるかもしれないが、ハーバード職員にとっては、大切な生き物である。ときどき、必要な本を借りられないことを不満とする学生は、図書館員にパンチをくらわす。ハーバードはこれにたいし眉をひそめるが、本を傷つけられたときはもっととり乱す。
（カーン、邦訳 p. 152）

写真2　ラモント図書館（1949 年）
Gottscho-Schleisner Collection

　同書では、1969 年の暴動で学生がワイドナーを占拠することを防ぐために教授たちが敏捷に行動し、交代で泊まり込みながら図書館を護ったとされている。また、同館には 100 近いオフィスがあるが、教員がここに仕事場としての研究室を持つことは、大学内での名声につながっている。心理学者のエリクソンや歴史学者のモリソンらがその研究室を提供されていた。大学の教職員にとって大学図書館は、図書の墓場ではなく、知識の宝物館であり、命なのである。

(2) 図書館の価値観とビジョン

　2020 年に刊行された *Advancing Open Knowledge*（『開かれた知識の進歩』）には、世界の知識と知的探求を拡大するグローバルリーダーになることをめざす図書館のビジョンが取り上げられ、今後数年間でそれを達成するための幅広い目的や使命、戦略について、次のような説明がある（Harvard Library, 2020）。

　　　図書館の目的は、世界の改善のための好奇心を護ることにある。

写真3　ハーバード・ロースクール図書館
John Phelan/Wikimedia Commons, CC-BY-SA 3.0

　ビジョンとして、世界の知識と知的な探索を拡げるグローバルなリーダーになることがめざされる。

　その使命として、図書館は、知識への途上にある専門的なパートナーであり、図書館が新しい知識の創造と共有にコミュニティとともに関わり、世界中の協力者とともに監督と補佐を行う膨大なコレクションと大学のコミュニティを結びつけていく。核となる図書館の使命は、ハーバードの心である真理の学び、研究、追求を進めていくことにある。

そこで、次の5つの価値が示される。

・第1は、好奇心を伴って指導すること。知的なフロンティアとして、未知のものへの畏敬の念をもって進む。
・第2は、協働を求めること。パートナーシップがもっとおもしろい結果を生むことを信じて、内外から人々やアイデアをもたらす。

・第3は、多様な視点を持つこと。いっそう包括的で正確な世界を構築するためにコレクションやコミュニティに多様性を創り出し、尊重する。

・第4は、アクセス権を護ること。情報へのアクセスを高め、包括的な形態の学問的コミュニケーションを進める。

・第5は、非凡さをめざすこと。過去を形成しながら未来を作りだす予想外のことを実現し、進歩を生んでいく。

　こうした価値観にもとづきながら、「グローバルな知識のコモンズ」（A Global Knowledge Commons）、つまり世界的な知識共有体を創り出していくことが、ハーバード大学の目標となる。そのために、「オープンアクセス」と「オープンサイエンス」が当面の目標ではあるが、その公開性をさらに大きく超えていくことが重要となる。

　このビジョンでは、ハーバード大学の図書館の強みとして、第1に、多様性と知識へのアクセスの拡がりがあること、とりわけそのコレクションの大きさが強みになるとしている。

　第2に、アクセスの多様性と拡がりは、コミュニティメンバーによる発見と社会参加の機会を高めていくことになる。

　そして、その先にあるのが、未来社会への責任である。アナログコレクションのデジタル化は、コレクションの未来を守り、社会の未来への保証を意味すると考えられている。

(3) デジタル資料の活用サービス

　カーンの著書でもブルーナーの伝記でも、ハーバード大学では、1960年代にはすでにコンピューターが研究や教育に導入されて、研究者や学生がその利用に夢中になっていたことが示されている。ハーバード大学のハワード・エイケンが考案した米国初の電気機械式計算機 IBM Mark I が製作されたのが 1944年であり、MIT との共同研究も 20世紀後半には続けられているのだから、当然の流れといえる。

　燕京図書館に勤務するマクヴェイ山田久仁子氏の論文「ハーバード大学図書館における電子資料サービスの動向」（2005）には、図書館の電子資料サービス

導入状況について詳細な報告がなされていたが、その後 2021 年には現在の状況についての報告が続き、その間にも電子資料の導入状況が大きく発展していることがうかがえる（マクヴェイ山田久仁子、2005、2021）。

　ハーバード図書館の検索カタログは「HOLLIS」と呼ばれ、そのほかにもハーバード地理空間図書館や DASH（機関リポジトリ）といったサービスがある。

　しかし、それだけではなく、学生や教員のデジタルスキルの学習用のプログラムとして、ハーバード図書館デジタルスカラシッププログラム（Harvard Library's Digital Scholarship Program, DSP）が提供されている。これは、新しいコンピューターの利用法や学習施設、専門的知識のネットワークを学内に形成し、ヴァーチャル環境のための AR/VR インターフェースやコレクションの作成や資料のデータベース化を行うことを支援するプログラムである。

　AR/VR インターフェースを前提として、ハーバードのデータベースは「データバース」(Harvard Dataverse)と呼ばれている。そこには 2,000 以上のデータベース、75,000 のデータセット、35 万以上のファイルが収められ、検索やテキストマイニングが利用できるようになっている。

　図書館資料がビッグデータとしてオープンに利用できる環境が整備されつつあるといえよう。

（4）デジタル図書館の国際化

　ハーバード大学は、1998 年から独自のデジタル化プロジェクトを進めてきたが、そのデジタル資料を含めて、2004 年に Google の図書館デジタル化計画に参加した（マクヴェイ山田久仁子、2021）。ハーバードのエイデンとミッシェルは、当時 500 万冊といわれたそのビッグデータを利用し、Ngram Viewer というソフトを開発して文化をビッグデータで計測する研究（カルチャロミクス）に貢献している（エイデン＆ミッシェル、2019）。現在はその数が 2000 万冊以上に及んでおり、筆者も文献データの言語分析に利用したことがある（立田、2020）。

　図表 4 は、1980 年から 2019 年までの書籍について、「デジタルコレクション」や「デジタル図書館」「デジタルリテラシー」という言葉を、Ngram Viewer に入力して、各用語の出現頻度の傾向を示したものだが、「デジタル図書館」という用語が 21 世紀以後大きな動向となってきていること、「デジタルリテラ

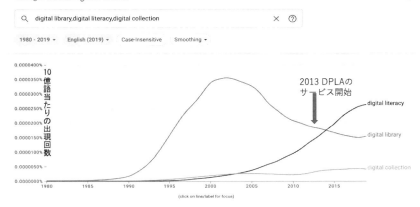

図表4　Google Ngram Viewer による文献ビッグデータの言語分析

シー」はそれ以上の出現頻度であることがわかる。

　さらに、ハーバード大学は、2010 年に全米デジタル公共図書館（Digital Public Library of America、DPLA）の設立に向けた活動を開始し、マサチューセッツ州ケンブリッジで専門家を集めた会議を開催した。大学図書館長ダーントンがリーダーとなって調査計画と立案を行い、「図書館、大学、公文書館、および博物館から国の生きた遺産を利用する包括的なオンラインリソースのオープンな分散型ネットワーク」の形成をめざした。ハーバードのバークマンクラインセンターでコミュニティ組織の会議を何度も開催し、2013 年 4 月の図書館開設へと導いた。

　全米デジタル公共図書館の目的は、歴史、文化、知識の共有化を図り、そのアクセスの最大化を通じて、人々が学び、成長し、多様に機能する社会に貢献することにある。

　具体的な目標は、第 1 に、米国全土の図書館、公文書館、博物館、その他の文化機関の膨大な資料を、すべての人がすぐに発見し、利用できること。第 2 に、図書館により、図書館が運営するマーケットやプラットフォームを提供して、電子書籍や電子コンテンツを購入、整理し、利用者に配信できるようにすること。そして最後に、図書館のリーダーや実践者を集めその研修を通じて、地域社会に奉仕し、情報を提供し、エンパワーメントのためのスキルを探求し、進

歩できるようにすること、である。

　大学図書館のオープンアクセス、オープン教育の理想は、米国全土に広がりつつある。この知的ネットワークの形成は、世界のデジタル図書館とも連携することで、さらに世界の発展に寄与することが期待されるのではないだろうか。

参考文献
・Harvard Library, 2020,"Advancing Open Knowledge" https://library.harvard.edu/advancing-open-knowledge（2022 年 11 月 10 日取得）
・Brunner, J., 1983, *In Search of Mind Essays in Autobiography*, Harper & Row［邦訳、ブルーナー J.、1993『心を探して──ブルーナー自伝』田中一彦訳、みすず書房］
・Kahn Jr., E. J., 1972, *Harvard Through Change and Through Storm*, International Creative Management［邦訳 カーン、E. J.、1984『ハーバード──生き残る大学』渡辺通弘訳、日本 YMCA 同盟出版部］
・マクヴェイ山田久仁子、2005「ハーバード大学図書館における電子資料サービスの動向」『大学図書館研究』Vol. 75、pp. 27-33
・マクヴェイ山田久仁子、2021「海外大学図書館における電子書籍の動向：パンデミック下のハーバードでの教育と研究の支援」『情報の科学と技術』Vol. 71、pp.28-33
・立田慶裕、2020「読解力の系統的発達を図る学校図書館活用プログラムに関する研究」『神戸学院大学人文学部紀要』Vol. 40、pp. 49-62
・エイデン、E. & ミッシェル、J. B.、2019『カルチャロミクス──文化をビッグデータで計測する』阪本芳久訳、草思社

関連ウェブサイト
（以下の URL は、すべて 2022 年 11 月 10 日取得）
・ハーバード大学 https://www.harvard.edu/
・大学の歴史 https://www.harvard.edu/about/history/
・大学統計（Office of Institutional Research）https://oir.harvard.edu/fact-book/enrollment
・ハーバード・エクステンションスクール https://extension.harvard.edu/
・ハーバード大学図書館 https://www.harvard.edu/campus/libraries/
・ワイドナー図書館 https://library.harvard.edu/libraries/widener
・Harvard Library's Digital Scholarship（DS）Program, https://dssg.fas.harvard.edu/
・Harvard Dataverse, https://library.harvard.edu/services-tools/harvard-dataverse
・アメリカ公共デジタル図書館（The Digital Public Library of America）https://dp.la/
・DPLA の発展 https://pro.dp.la/about-dpla-pro/history/
・A Library Without Walls (2010/10/4 New York Review of Books) http://www.nybooks.com/blogs/nyrblog/2010/oct/04/library-without-walls/

・Google Ngram Viewer, https://books.google.com/ngrams/

第12章
ワシントン大学の図書館
図書館とキャリアサービス

1. 大学におけるキャリアサービスの充実のために

　本書では、大学の学生や教職員の研究と教育・学習活動に重点をおいて、大学図書館の重要な役割を考えてきた。しかし、大学図書館の役割は、そうした大学内の活動にとどまらず、大学というコミュニティに所属する人々の将来についての、あるいは大学外の地域社会や世界とつながるための多くの情報や知識を提供するという役割も担っている。

　とりわけ、学生や教職員の将来にとって、就職や進学、あるいは専門性の向上や昇進という点での職業の選択や開発は重要な問題である。そのようなキャリアサービスのための情報と知識について、大学図書館が知的資源を収集、保存、提供すると同時に、その情報ネットワークを通じて学生や教職員をいっそう広い世界のネットワークにつなげていくことは、研究・教育活動と同様に重要なのではないだろうか。

　学生や教職員の生活に関わる情報や知識という点では、大学に設置されたほかの組織、職業面ではキャリアセンターや学生支援団体、そして健康面では健康福祉施設や医療施設が十分な役割を果たしているかもしれない。しかし、こと職業に関する知識や情報の収集、保存、活用という点で、大学図書館がその専門的な役割を発揮すれば、教職員や学生はいっそう充実した生活サービスを享受できることになる。

　ここに紹介する米国のワシントン大学は、知識の保存、進歩、普及にそのおもな使命をおくことを掲げる大学であると同時に、2022 年 QS 世界ランキングの図書館・情報管理分野でも 4 位と非常に高い評価を受けている大学である。

このランキングでは、2019年7位、2020年6位、2021年5位と次第に大学の評価が高まっている。

2. ワシントン大学

(1) 大学の概要

　米国のワシントン大学（University of Washington、UW）は、ワシントン州シアトルに本部を置く州立大学である。ワシントン州プルマンに本部を置くワシントン州立大学（WSU）と混同されることが多い。ミシガン大学アナーバー校、カリフォルニア大学バークレー校、テキサス大学オースティン校、コロラド大学ボルダー校、フロリダ大学、ノースカロライナ大学チャペルヒル校、バージニア大学などの各州立大学トップ校で構成される州立大学名門グループ、「パブリック・アイビー」の1校として知られている。

　米国の太平洋岸北西部の大規模大学として有名で、その敷地面積は約560万坪もあり、シアトルキャンパスと、シアトル近くのボセルキャンパス、50キロメートル離れたタコマキャンパスの3つのキャンパスから構成される。シアトル市内のシアトルキャンパスだけで約86万坪あり、キャンパス内にフットボールスタジアムや200近い建物や高層ビルがあり、ライトレールが走っている。また、ワシントン市内でも有数の桜の名所として知られ、市内外から多くの観光客が訪問する。

　ワシントン大学の創立は1861年であり、ワシントン州成立の1889年以前からの歴史を持っている。1899年にロースクールが開校、1926年にスザーロアレン図書館が開館、1946年にメディカルスクールが開校し、現在はワシントン大学医療センターとして米国トップ病院の1つに数えられる。1990年にタコマとボセルの両キャンパスが生まれている。

　大学は、5つのカレッジ（芸術と科学、構築環境、教育、工学、環境）と13のスクール（ビジネス、コンピューター科学と工学、歯学、大学院、情報、国際研究、法、医学、看護、薬学、公衆衛生、公共政策とガバナンス、社会事業）から構成されている。このうち、医学、歯学、法律、薬学にはさらに専門的なコースが設けられている。

　シアトルにある芸術と科学のカレッジは、大学全体の教養部にあたり、大学

院にあたるスクールは、3 つのキャンパスすべてにわたる 400 近い大学院プログラムを提供している。

タコマキャンパスには、教育、工学・技術、国際芸術・科学、ビジネス、看護・福祉、労働・刑事司法、都市研究の 7 つのスクールがある。

また、ボセルキャンパスには、ビジネス、教育研究、国際芸術・科学、看護・健康研究、科学・技術・工学・数学（STEM）の 5 つのスクールがある。

2022 年の学生数は約 60,000 人で、2012 年の 50,000 人から増加の傾向にある。学部生が約 43,000 人、大学院生が 15,000 人、教職員数は約 32,000 人、教員数は約 6,000 人となっている。ボセルキャンパスに約 7,000 人、タコマキャンパスには約 4,000 人の学生がいる。

大学の予算は、2020 年で約 63 億 5000 万ドル、2022 年には約 67 億ドルであり、大規模な予算で運営されている。

（2）大学の使命、ビジョンと価値観

ワシントン大学の使命は、知識の保存、進歩、普及にある。保存のためには、大学図書館の役割と各スクールやカレッジにおける教員の学識が重要となる。知識の進歩は、大学における研究や共同研究、教育上の議論、研究会などを通じて行われ、その結果は、学術的な交流、学会発表、雑誌への投稿、書籍刊行などを通じて達成されていく。その知的生産を通して、学問の進歩と知識の普及が達成されていく。

大学が重視する価値観は、威厳、多様性、卓越性、協働と革新、そして尊敬である。卓越性の基準では、優れた教職員を備え、学生に知的なコミュニティを提供し、学問的な厳密性を伴いながら、最先端の研究に取り組む。また、協働という点では、大学のコミュニティにおいて、相互交流を行い、大学外とのパートナーシップを築いていく。さらに、研究における国際的なリーダーとして、革新的な影響を世界にもたらす。尊敬とは、太平洋北西部の自然や文化を尊重し、強化する役割を意味する。また、革新の精神を持って過去から将来へとイノベーションを続け、世界市民としての責任を果たす。特にこの大学は公共の大学である以上、市民への奉仕を第一とし、市民生活の質の向上に努めていく。公共の信頼と責任がワシントン大学のビジョンとなっている。

3. 大学の図書館

（1）大学図書館の概要

　ワシントン大学には、シアトルキャンパスのスザーロアレン図書館を中心として 15 の図書館があり（図表 1）、フライデーハーバー図書館が海洋研究のためのフライデーハーバー研究所に設置され、ボセル、タコマそれぞれの図書館が両キャンパスに置かれている。

　図書館の蔵書数は活字本が約 700 万冊、電子書籍が 170 万冊あり、約 25 万点の電子ジャーナルが利用でき、そのうち、ダウンロードできる論文数は 600 万件に及ぶ。また、約 700 のデータベースを備えている。

　各図書館には、それぞれ独自のコレクションがあるが、スザーロアレン図書館には、ワシントンでも有数の地図コレクションがあり、27 万点を超えるシート、86,000 点の航空写真、2,000 冊の地図帳がある。初期のワシントンマップは、デジタル化されている。また、労働研究センターとの共同で労働アーカイブが、写真や動画、デジタル資料など豊かな労働史研究の資料を提供している。

　州立のユダヤ人公文書館は、大学図書館と州のユダヤ歴史協会との共同で運営され、ユダヤ人コミュティの多くの記録が保存されている。

　ボセル図書館では、ハチに関する研究コレクションや湿地コレクション、フェミニストコミュニティコレクション、刑務所歴史アーカイブが、タコマ図書館ではタコマの地域歴史コレクションが提供されるなど、それぞれのキャンパスの研究と発展を特徴づけるコレクションがみられる。

　図書館の年間訪問者数は 186 万人、スザーロアレン図書館だけで 80 万人の利用者がいる。ボセル・カスカディアカレッジ図書館では約 14 万人、タコマ図書館では、約 8 万人の利用者がいる。図書館職員は 140 人、また、専門スタッフは約 200 人となっている。図書館の年間予算は 6300 万ドルである。

　ワシントン大学の図書館もまた、上述した大学の使命や価値観を反映している。公共大学の図書館の使命は、人々を知識と結びつけ、学生や市民の生活の質を豊かにすることにある。

　また、図書館のビジョンは、グローバルな力と公共の善を探究し、創造し、その学習を促進していくことにある。学生の成功を促し、国際規模の研究を進

図表1　ワシントン大学の図書館リスト

1	芸術図書館	9	数学研究図書館
2	建築環境図書館	10	音楽図書館
3	ドラマ図書館	11	オデガード学部図書館
4	工学図書館	12	スザーロアレン 図書館
5	フォスタービジネス図書館	13	タテウチ東アジア図書館
6	フライデーハーバー図書館	14	UW ボセル・カスカディアカレッジ図書館
7	健康科学図書館	15	UW タコマ図書館
8	リリュー図書館		

め、地域社会の多様な声が上がるようにして、教職員や学生が恐れなく経験できる力となり、新たな知識を創造していく。

　図書館が重視する価値観としては、① 利用者中心であること、② 協働、③ 公正、④ 創造性、そして⑤ 持続可能性の5つがあげられている。

① 利用者中心：ユニバーサルデザインの原則のもと、そのアクセシビリティ（利用の容易さ）を高め、利用者のニーズを把握し、測定可能なデータを収集している。特に、利用者の進歩に応じてスタッフの専門知識の向上を図り、サービスに利用者の意見を反映させている。

② 協働：学際的な学問や学習のハブとしての位置を利用し、専門的な知識と利用者を結びつけることや利用者とのコミュニケーションを図り、各組織や利用者とのパートナーシップを形成している。

③ 公正：包括性と多様性を重視し、制度上の偏見や構造的な人種差別との闘いに取り組んでいる。利用者とスタッフ双方にこの原則を適用し、コンテンツの選択にも活用し、社会的な変革を行う。

④ 創造性：オープンな文化を基調として、利用者のニーズの変化と予測を行い、探究、実験、省察の文化を行動に取り入れている。オープンな文化の創造のためには、利用者とのフィードバックをできるだけ行い、その双方向性を基礎に創造的な組織やスタッフの養成を行っていく。

⑤ 持続可能性：人的資源、環境資源、物理的資源、デジタル資源、そして財政資源の優れた管理者として長期的な展望に立った計画を立てるとともに、スタッフや学生のワークライフバランスにも配慮し、仕事や学習の持続可能性を図っている。特に図書館のリソースや意思決定を、前述した価

写真 1　スザーロアレン図書館の概観
Martin Kraft/Wikimedia Commons, CC-BY-SA 3.0

　　値観、利用者ニーズ、組織の使命や目標に沿って実現することが望まれる。

　このような価値観に沿って利用者、とりわけ学生や教職員のキャリアを考え
たとき、図書館のサービスにおいても、キャリアに関する知識や情報をどのよ
うに提供するかが課題となってくる。ボセル・カスカディアカレッジ図書館の
キャリアガイドの例は、その1つの回答となっている。

(2) キャリアガイド
　ボセル・カスカディアカレッジ図書館には、図書館を利用し、学生生活に有
用な多くのガイドが用意されているが、その1つにキャリアガイドがある。
　キャリアガイドは、学生の就職活動や大学院進学のためのガイドであり、就
職の場所、必要な学歴、給与、職務内容などの必要な情報をどのように収集
し、整理し、準備していけばよいかの情報源である。このガイドには、職業情
報、就職活動の戦略、履歴書の書き方や面接の方法、大学院進学に必要な情報、

164

写真2　スザーロアレン図書館の閲覧室
Martin Kraft/Wikimedia Commons, CC-BY-SA 3.0

ネットワーク作りの5項目が用意されている。

1）職業情報

　米国労働省のサイトとして、Career InfoNet と CareerOneStop が紹介され、仕事とキャリアの説明、必要な技術の評価システム、給与情報が得られる。いずれもキャリア探索と訓練や職業の情報源である。

　包括的な探索ツールとしては、WOIS と呼ばれるキャリア情報システムとのリンクが貼られ、アカウントの取り方が説明されている。また、米国労働省のデータベース O* Net OnLine とのリンクがあり、職業調査の詳しい情報が得られる。

　政府のサイトとしては、「職業観ハンドブック」（Occupational Outlook Handbook）と、労働統計局が刊行しているオンライン雑誌『季刊職業展望』（*Occupational Outlook Quarterly*）とのリンクがある。前者には、これから期待される職業や高い給与が得られる仕事、必要な学歴などが紹介されている。後者も

今後重要な職業の予測や専門的な仕事の詳細情報が得られる。さらに、キャリアガイダンスの百科事典も読めるようになっている。

　職業情報としては、給与も重要な要素である。地域ごとの役職の給与情報や報酬の交渉への助言、給与調査や業界団体の情報に詳しいサイトの Salary.com は生活費の情報も詳しい。福利厚生管理者が政府に提出する様式を知り、年金や福利厚生情報を取得できる FreeErisa.Com。また、大学のキャリアセンターがまとめた賢い経済生活のための Be Money Smart によって、必要な生活予算と給与のバランスを考えることができる。さらに、ワシントン州の従業員の平均給与や求人情報も取得できる。

　参考書として、ワシントン州でキャリアを形成するための本、満足のいく仕事を見つけるためのステップガイドなど多様な文献が用意されている。邦訳もある『あなたのパラシュートは何色ですか』といったビジネス成功書の古典から、近年流行の持続可能な社会作りの仕事に就くための本、継続教育学習者やベンチャーの起業を図る人のための本も紹介されている。

2）就職活動戦略
　就職活動の戦略のためには、米国や世界の企業情報が必要となる。そのために、業界プロフィールのサイトや財務、株式、不動産などの企業情報や業界レポート、サイト、雑誌、新聞、ジャーナルを調べることになる。企業情報に加えて、企業の社会的責任や信頼性、人権的なコンプライアンスの評価についての情報を集める。持続可能性を重視する学生にとっては、各企業の持続可能性への貢献やレポートが参考となる。

　図書館では、こうしたキャリアの検索にあたっては、パーソナリティと職業適性、SNS、転職を含めたキャリア開発の知識と情報、職業予測をキャリアの情報資源から収集することができる。また、米国内だけではなく、国際的な情報を収集することによって、グローバル企業についての知識と情報を得ることができる。

3）履歴書や面接の方法
　図書館の検索システムから、「履歴書」「添え状」「推薦状」「面接」といった

キーワードを用いて、関連した本やサイト、データベースを探索する。そうしたサイトや本から、履歴書の基本的な書き方や最善のあるいは独自の書き方を学ぶ。また、転職の方法、面接にさいしての質問法や回答例などの面接技術を知ることができる。

4）大学院進学

　大学院やスクールへの進学のために、それぞれの学校の入学資格を調べておくことが重要である。専門によっては、受験や資格が必要なものもあり、そうした情報と知識を収集する。mba.com を参照し、各大学院の教員、ランキング情報を調べていく。各スクールの入学テスト（School Admissions Test）の情報もガイドやデータベースから収集することが進学を考える役に立つ。

5）ネットワーク作り

　ここには、各大学キャンパスやカレッジの同窓会情報が用意されている。また、SNS を用いた新しいネットワーク作りの方法やオンラインツールの利用法、パーソナルブランドの立ち上げ方などの情報が提供されている。さらに追加ガイドとして、就職活動に必要なキャンパスの設備、ライフスキル、その他のガイド情報が記載されている。

（3）キャリアサービスのニーズの上昇と多様な提供主体

　ワシントン大学のボセル・カスカディアカレッジ図書館で、このキャリアガイドを提供しているが、シアトルキャンパスやタコマキャンパスの図書館では、学生用のガイドに同じ項目はみあたらない。これは、各キャンパスによって、スクールやカレッジが異なっているというだけではなく、それぞれの学部やスクールによって就職や進学の情報が異なっていること、あるいは、図書館が学生に対してどのような生活情報を提供することに重点を置いているかもまた、各図書館の方針として異なるからと考えられる。

　シアトルキャンパスを含め、学生向けのキャリアサービスとして、ワシントン大学には、キャリアとインターンシップセンターがあり、そこで、新たなキャリア情報サービス、Elevating Career が 2021 年に開始された。

このサービスの変化の背景には、米国の新入生の8割以上が「より良い仕事につけること」を非常に重要と考えているという調査結果や、大学進学の動機に「その大学の卒業生が良い仕事についている」ことを非常に重要と考える者が半数以上いること、そして、ワシントン大学の入学生の8割がキャリアに関心を持ち、海外留学への関心より高い結果であることなどの動向がある。そのために、このセンターは、教育機関がこれまでと異なる方法でキャリア開発の仕事に取り組む必要があるとの認識を示している。

　そこで、センターの取組として、まず第1に、入学から卒業、そして同窓会にわたる段階で、これまで以上に多くの大学プログラムの中にキャリアの成長を図る視点や取組を組み込むこと、第2に、多くの学生団体や教職員、学問的なアドバイザーなどの大学のパートナーをキャンパスパートナーとして捉え、情報や知識、ツールを提供していくこと、第3に、学生や教職員、同窓生、雇用主の意見や声を取り入れていくことをあげている。

　さらに、PathwayU という職業適性ツールや仕事発見のための handshake というサイト、求人市場データの紹介、学生の成功ストーリーなどの知識や情報を提供するとともに履歴書の書き方や就職活動成功のためのイベントを実施している。

　米国におけるワシントン大学以外の図書館によるキャリアサービスの例をみると、たとえば、トロント大学では、ネット上に Student Life と呼ばれるサイトが提供され、そのサイトにおいて、キャリアに必要な情報や知識として、キャリアリソースライブラリーが提供されている。また、カリフォルニア大学バークレー校の場合、キャリアセンターが学生のキャリア構築に必要な情報を提供している。

　米国や日本の多くの大学では、学生支援センターやキャリアセンターが開設されていることから、そうしたセンターで就職に必要な知識や情報を提供していることも多いだろう。ただ、そのような専門的なセンターが大学図書館と協働することによって、大学全体で、いっそう多くの就職に関する知識や情報を提供できる可能性がそこにあると考えられる。

関連ウェブサイト

（以下の URL は、すべて 2022 年 12 月 10 日取得）

・ワシントン大学 http://www.washington.edu/
・ワシントン大学図書館 https://www.lib.washington.edu/
・ワシントン大学ボセル・カスカディアカレッジ図書館 https://library.uwb.edu/
・キャリアガイド https://guides.lib.uw.edu/bothell/Career
・ワシントン大学キャリアとインターンシップセンター https://careers.uw.edu/
・トロント大学キャリアリソースライブラリー https://studentlife.utoronto.ca/service/career-resource-library/
・カリフォルニア大学バークレー校キャリアセンター https://career.berkeley.edu/

第13章
大学図書館の多様な戦略
知識の保存から創造と普及へ

1. 図書館戦略の方向

　コロナ禍やデジタル化、グローバル化の発展など大学を取り巻く急速な環境
の変化は、各国の大学の教育・学習とその要となる大学図書館にも大きな影響
を及ぼしている。

　国際社会でも高学歴者が増大し、学問の専門化が進み、電子的ネットワーク
化により形成される社会で必要な高度な知識やスキルを備えた人材を養成する
機関として、高等教育の重要性はさらに高まりつつある。2万を超える世界の
大学から、本書では、世界ランキングでトップクラスとみられる大学の図書館
について、その事業や戦略、特徴を考察してきた。

　本書で紹介し、考察してきた図書館数は、世界全体の図書館のすべてからい
えば、ほんのわずかのものでしかない。しかし、「はじめに」でも述べたように、
各図書館のビジョンや方針は、社会全体の問題動向をふまえながら、各大学の
ビジョンや目標をその戦略に取り入れ、図書館サービスを提供している傾向が
ある。

　21世紀に入ってからの知識基盤社会といわれる状況の中で、また、テクノ
ロジーの急速な発展は、各大学図書館のありようを大きく変えつつある。

　そこで、本章では、まず各図書館にみられる特徴を整理しながら、各章で触
れられなかった共通の特徴について検討したい。

(1) 国際的課題とネットワーク
　最初に論じた大学図書館の国際的なネットワークは、各大学の図書館の国際

図表1　本書で取り扱った大学図書館とおもなテーマ

章	対象（大学図書館）	おもなテーマ
1	大学図書館ネットワーク	国際的課題とネットワーク
2	オックスフォード大学	世界規模の伝統的研究・学術図書館
3	ケンブリッジ大学	電子図書館と研究スキルの提供
4	マンチェスター大学	学生のウェルビーイング
5	ソルボンヌ大学	オープンサイエンスへの挑戦
6	MIT	学士課程研究を支える専門司書
7	ブリティッシュ・コロンビア大学	変容的学習
8	ユニヴァーシティ・カレッジ・ロンドン	デジタルシフト
9	スタンフォード大学	図書館の物語
10	シェフィールド大学	総合的コンテンツ戦略
11	ハーバード大学	知のコミュニティ
12	ワシントン大学	キャリアサービス

的な戦略に1つの方向性を示すものであった。本書では欧米の大学図書館を中心にみてきたが、アジアやアフリカ、太平洋地域の大学もまた国際的な図書館ネットワークを形成し、互いに知識を交流し、発展を続けている。また、欧米の研究図書館ではさらに新たな戦略が進められている。

　欧州研究図書館協会（LIBER）は、450以上の国際的な大学と図書館のネットワークを持つ組織である。この組織は、2022年のビジョンとしてイノベーティブな学問的交流のプラットフォームとなり、オープンアクセス、デジタルスキルや参加型の研究の促進、未来の文化遺産を保存し、公正な研究データの収集といった戦略をあげていた。そして、2022年に、今後5年間にわたる戦略 LIBER Strategy 2023-2027 を示した。

　その戦略では、研究図書館に影響する3つの推進要因として、開放性の推進、新テクノロジーによるデジタル・トランスフォーメーションの推進、権利と価値の良好な維持をあげている。開放性は、学界や広範な社会、欧州政府と欧州連合から求められている。また、人工知能をはじめとするテクノロジーは、図書館のデジタルシフトを加速し、研究や学術交流に大きな影響をもたらす。そして、デジタルな学術環境においても、人間の権利と価値を維持するための社会と学界による意識と要求が高められる必要があるとしている。

　その戦略計画において、2027年までに研究図書館が到達すべきビジョンに基づき、その到達方法として、相互に関連した5つの要素をあげている。

　その 5 つとは、第 1 に、研究図書館を熱心で信頼できるハブにすること、第
2 に、最先端のサービス提供、第 3 に、オープンサイエンス推進のリーダーと
しての研究図書館となること、第 4 に、図書館職員のスキルアップを図ること、
そして最後に、権利と価値の維持である。

　第 1 の信頼できるハブとなるために、コミュニケーションの強化とコラボ
レーションの促進、オープンナレッジの推進を優先事項としてあげている。研
究図書館が公共組織との関係を強化し、大学により創造された知識を普及する
ための社会への架け橋になることがめざされる。最後の権利と価値の維持とは、
研究図書館が研究コミュニティの内外で、誠実さ、多様性、包括性の価値を体
現し、維持するということである。大学図書館は、大学図書館としてのビジョ
ンと同時に価値観を重視する姿勢をここにみることができる。

(2) 世界規模の伝統的研究・学術図書館

　英国オックスフォード大学の事例では、38 のカレッジを持つ大学に各カレッ
ジ図書館を含めて 100 以上の図書館があった。その代表的なボドリアン図書館
は 400 年の歴史を持ち、英国の 6 つの納本図書館の 1 つであり、同国の毎年の
出版物が収蔵されていく。大学の蔵書冊数は 1000 万冊以上、電子資料も 8 万
点を超え、図書館職員は 400 人以上で運営される大規模図書館である。

　この大学の特徴的な教育がチュートリアルであった。チュートリアル学習を
行うためには、学生が毎回課題の文献を収集し、読み込み、論文としてまとめ
なければならない。その大量の学習活動を支えるのが大学図書館であった。

　図書館の目的は、第 1 に学問の教授と世界規模の研究の最先端に立ち続ける
こと、第 2 に社会のための情報と図書館界の幅広い発展のリーダーとしての貢
献、第 3 に図書館の持続的な活動の提供であった。その方針では、ほかの各大
学図書館でも共通する課題が表れている。カレッジの教育や研究のパートナー
として、コレクションサービス、各種スペースの提供とインフラ、社会参加と
アクセス、職員養成、そして財務の問題である。また、すでに大学図書館は電
子図書館の整備を進め、オープンな学習環境形成のために、ウェブなどのプラッ
トフォーム、コンテンツ、デバイス、アプリやツール、そして学習コミュニティ
が図書館の開放性を高める要素となることを示した。

(3) 学習と研究、図書館利用スキルの提供

テクノロジーの集積地、シリコンフェンにあるケンブリッジ大学もまた、オックスフォード大学と並び8世紀以上の歴史を持つ大学であった。科学分野の学習に力を入れるこの大学では、教育的使命として、探究的な精神を奨励し、学際的な学術テーマを追求し、専門性を高め、生涯にわたって学べる学生の能力向上がめざされていた。

教育方式としてスーパービジョンと呼ばれる集団学習形態がとられ、複数の指導者による学習が行われていた。また、イノベーションの促進を行うためにデジタル教育未来センターが設置され、産業、政策、実践分野でも国際的なパートナーと連携した研究活動や教育モデルの開発が進められていた。

大学図書館の未来ビジョンは、知識の開拓と共有化の変革に置かれ、世界への開放が目標とされていた。

この大学では、図書館とケンブリッジ情報リテラシーネットワークを通じて、学習と研究スキルの向上のために情報のリテラシーや学習・研究のスキルについて、カムガイドや図書館利用のためのリブガイドを開発し、かなり詳しく学生にその情報と知識を紹介している。

情報リテラシーについては、5つのフレームワークとして、

① 情報リテラシーとは何か
② 資源の探索
③ 批判的判断
④ 情報の管理
⑤ 創造と対話

が示されている。そして、学部生向けのガイドでは、

① 自己管理型学習：何をどう学ぶかを選ぶ
② 時間管理：効果的な計画で学習と課外活動を割り振る
③ 批判的読解：アカデミックな視点で資源を読み取る
④ ノート作り：要点をまとめる方法を持ち効果的に書く

⑤ 論文執筆：理解、計画、自分のスタイルを持ち、校正する

⑥ 対話：スーパーバイザーへの対応法や質問に慣れる

⑦ フィードバックの活用：重要なフィードバックを活用

⑧ オンラインコミュニケーション：多様な人と交流を図る

の 8 つが示され、これはそのまま学生の学習スキルのガイドともなっている。
　さらに、図書館利用の方法として、

① 探究を計画する

② 探究する（検索する）

③ 結果を判断する

④ 資料を整理し、適切に引用する

⑤ 探究の結果を成果として発表する

の 5 つのステップがあるとしている。そして、検索についても詳しい方法が示
され、情報資料の判断基準として次の 5 つを示している。

① 通用性（Currency）：現代でも十分に通用する資料か？

② 関連性（Relevance）：研究テーマと関連しているか？

③ 信頼性（Authority）：著者あるいは出版社は誰か？

④ 正確性（Accuracy）：情報の出典は？　科学的根拠は？

⑤ 目的性（Purpose）：なぜ情報が作られたか？　その目的は明確で偏りはな
　いか？

そして、図書館を利用した研究スキルとしても

① 文献探索

② 論文のためのノート作り

③ 著作権

④ 研究データの管理

⑤ 雑誌への投稿

　⑥ 学術書籍の刊行

　⑦ 論文発表法（メトリック）の探索

　⑧ オンラインプロフィールの構築

　⑨ 支援者の発見

のそれぞれについて、詳しい情報を提供していた。

(4) 学生のウェルビーイング

　マンチェスター大学は、社会的責任や市民参加を重視し、地域に職を提供し、地域の教育指導に参加して、地域社会に大きく貢献している。市民大学ネットワークへも参加し、世界の大学の中でも地域社会への貢献では、THE インパクトランキングで 1 位であり、持続可能な発展へも大きく貢献している。SDG 3「すべての人に健康と福祉を」の項目では、論文数や引用論文数も最大であり、この目標をめざす学生も 50,000 人を超えている。

　同大学の図書館は、世界でも有数の規模を誇る図書館のデジタルコレクションとして人文学コレクションや電子教科書コレクションを持つことが 1 つの特徴である。そして、同時に学生の健康と福祉に関わるリソースも提供している。幸福を自ら探すセルフケアのリソースとして、「ウェルビーイングへの 6 つの方法」「精神的ウェルビーイングに関する専門的知識」「NHS self-help booklets」が提供されている。

　6 つの方法とは、つながる、与える、注目する、活動する、健康になる、学び・発見する、といった行動の目標であり、人とのつながり、他者への貢献、生活の認識、自尊心と回復力の向上に役立つ学習から自分の強みの発見が勧められている。

(5) 学生へのキャリアサービス

　学生の未来へのリソースサービスという点で大きな特徴を示したもう 1 つの大学が、ワシントン大学である。同大学のボセル図書館が提供しているキャリアガイドでは、職業情報、就職活動の戦略、履歴書の書き方や面接の方法、大

学院進学に必要な情報、ネットワーク作りの 5 項目が提供されている。図書館は、キャリアとインターンシップのセンターと協力しながら、学生がより良い仕事につけるための資源を提供し、学生の要求に応えようとしている。

(6) 変容的学習

　学生からの要求だけではなく、地域社会からの要求を含めた学習として、ブリティッシュ・コロンビア大学では、変容的学習の戦略を取り込んでいた。「変容的学習は、学習者の特性や興味が大学そのものを変化させるという点と変化する社会への対応という観点から考えられている」（第 7 章、p. 95 参照）。変容的学習の目的は、根拠に基づく教授やメンターシップ、経験の機会の充実を通した学習の向上にある。そのための図書館による具体的なプログラムとして、先住民族の教育支援やオープン教育が行われている。学生自身が教育プログラムを開発し、カリキュラムの構築に参加している。特に、仕事や地域の課題に適合した実践的な学習機会の拡大によって、学習や研究を通じてキャリアにつなげる試みが展開されている。

(7) 図書館の歴史と物語

　他方、大学図書館は、大きな時間の流れのなかでそのサービスを提供し続ける。スタンフォード大学で取り扱った図書館の物語とは、大学と大学図書館が持つ歴史であり、そこで働き学ぶ教職員や学生の物語である。Stanford 125 というウェブサイトでは大学の歴史がまとめられ、図書館も 100 年を超える物語 Beyond100 を展開し、好奇心を刺激し、知識を高め、学問を変える多様なテーマを提供して、教職員や学生に長期的な思想やアイデアを示していた。

(8) 学士課程研究を支える専門司書

　MIT の教育哲学では、学生の地域への参加が重視され、厳格な学問と実践の学習アプローチを基本とする。その原則は、人間の知識の中核となる広くかつ強力な基盤を持つこと、特定の専門分野において深く熟練を備えた訓練を行うこと、そして、研究と確信から生み出される現実世界の問題解決をめざす実践的な方向性にある。そのため、MIT では、学士課程学生向けの研究支援プ

ログラムが 1960 年代より行われてきた。大学図書館のエキスパート・ライブラリアン、専門司書は、高度なレファレンス、研究支援訓練、科学論文執筆支援、オープンアクセス支援、知的財産支援、研究データ支援、研究基準管理、アイデンティティの確立などの支援を学生に行っている。学習スキルや図書館利用スキルに加えて、大学図書館の専門司書は、高等教育における学生の研究の高度化、学習の専門化に応じたより高度な知識やスキルが必要とされる。それが、大学図書館の司書の養成と研修が重視される大きな理由なのである。特に、MIT は、今後図書館がデジタルファーストの図書館となることを宣言しており、新たなテクノロジーの開発に応じた養成や研究が持続的に行われていくことが求められる。

(9) デジタルシフト

　ユニヴァーシティ・カレッジ・ロンドンは、デジタル教育で世界をリードするという目標を持ち、コネクテッド・カリキュラムとデジタル学習に力を入れている。前者は、学生を研究活動と、研究活動を学習プログラムと、学生をテーマどうしで、学術環境を職場環境と、学修成果を発表に、学生を卒業生とつなぐカリキュラムである。後者は、仮想学習環境を提供し、デジタル経験を改善し、教職員のデジタル知識とスキルの開発をめざす取組みである。大学や図書館の教育環境をデジタル環境へ移行することをめざす。英国研究図書館コンソーシアムのめざすデジタルシフトの実現を図るために、大学内でオープンサイエンスとデジタルスカラシップの開発を進めている。

(10) オープンサイエンスへの挑戦

　フランスのソルボンヌ大学もまた、オープンサイエンスやデジタル革命への参加に積極的であり、特にこの大学では、地域の産業や他大学との連携をめざしたネットワーク形成事業として、研究機関と連携する「ソルボンヌ大学アライアンス」と 4 つの地域や大学と連携した「4EU+ ヨーロッパ大学アライアンス」が展開されている。両事業に共通する特徴が大学の公開性の拡充である。学術機関やビジネス社会との協働を通じて、専門的知識の創造と普及をめざす。ここでその開放性が重要な意味を持つのは、大学の研究者や大学院生、学生がオー

プンサイエンスを前提とした仕組みを利用して、その研究成果を多くの人へ公開し、普及することが望まれるからである。そのために同大学では、出版物に関わるソルボンヌ大学憲章と研究データに関わるソルボンヌ宣言を発した。宣言の法的枠組みの提供によって、大学が創造する知識の付加価値を高め、研究をさらに促進することになる。

（11）総合的コンテンツ戦略

　世界の図書館情報分野で高い評価を受けているシェフィールド大学は、細分化されていく図書館の専門的知識や戦略を総合的な戦略として整備している。この持続的な図書館の使命と標準の概要は、① 目的、② 原則、③ サポートするコミュニティ、④ パートナーシップ、⑤ コンテンツへのアクセス、⑥ コレクション、⑦ 影響力の行使の 7 つの項目から構成される。また、そのコンテンツを獲得し、運用し、発展させるうえで、大学図書館は、次の中心的な原則を持つ。それらは、① 利用者中心、② 透明性、③ 公開性、④ 持続性、⑤ 包括性、⑥ 倫理的原則、である。

　総合的なコンテンツがサポートする図書館の重要なコミュニティは、大学の教員、研究者そして学生である。さらに、主要な研究図書館としてのコレクションは、組織を越えた学問的研究に貢献すると同時に、図書館は大学の同窓生やシェフィールド市と地域のいっそう広いコミュニティを支援する役割に貢献する。

（12）知のコミュニティ

　大学図書館は、知の宝庫というだけでなく、知識を創造し社会を変革し続ける人々に持続的に知的資源を提供する社会の心臓でもある。世界の指導者を生み続けたハーバード大学の図書館の目的は、ハーバードの心である真理の学び、研究、追求を進めていくことにあった。大学の目標は、「グローバルな知識のコモンズ」というコミュニティ、世界的な知のコミュニティを作ることにある。多様性と知識へのアクセスを拡げ、コミュニティメンバーによる発見と社会参加の機会を高め、未来社会への責任を果たすことが図書館のビジョンとされている。アナログであれ、デジタルであれ、この図書館のコレクションの大きさがその強みになり、コレクションの公開は、世界全体の知的コミュニティの形

成に寄与する。

2. 大学図書館のコレクション

　本書のもととなった雑誌『私学経営』の連載では、大学図書館の知的資源と
してのコレクションについて十分な考察ができなかった。そこで、連載の最後
にとりあげた各図書館のコレクションを概観しておくことにしたい。図書館コ
レクションは、おもに書籍、出版物、写真やポスター、個人のコレクション、
新聞社や博物館からの寄贈物から構成されている。その収集の選択基準は、各
図書館によって決められているが、他方で、学生と教員のニーズや専門司書の
ニーズ、歴史的・社会的な遺産としての重要性などから、その価値が考えられ
ている。
　シェフィールド大学では、コレクションの価値を次のような基準で選択して
いた（立田、2022、p. 27）。

① 学術的価値：大学図書館は、学術的研究の記録を提供する。発見の普及、
　　データや元資料の精査は、この研究が社会に及ぼす影響力を支える。
② 文化的価値：図書館のコレクションは、世界の知的遺産の一部となる。
　　大学の管理的な必要を越えた独立した価値を持つ。
③ 象徴的価値：何が保護され、どのように保護されるかは、知的な価値と
　　して何が考えられたかを示す象徴となる。結果として、図書館のコレクショ
　　ンは、大学の広い目標を実現し、包括するべき根本的なメッセージを含む
　　ものとなる。
④ 組織的で学芸的な価値：コレクションの組織、描写と表現は、コンテン
　　ツそれ自身に沿った意味と価値を持つ。
⑤ 保存的価値：学術図書館と文化的な組織の広範なネットワークの一部と
　　して、図書館は、後世までコンテンツへのアクセスを保護する責任がある。
⑥ 操作的価値：コレクションは、利用者コミュニティにコンテンツへのア
　　クセスを提供する手段ともなる。
⑦ 財政的価値：図書館のコレクションは、重要な資料の獲得、維持、配置

図表 2　各大学のコレクション

図書館名	コレクション
オックスフォード大学ボドリアン図書館	100 万点を超える画像、世界の本、写本、音楽、楽譜、パピリ、印刷本、議会史、版画、美術品、地質物文献、地図
オックスフォード大学デジタル図書館	エフェメラ、約 900 点の資料、ボドリアン図書館の動物展、教育的エフェメラ、ポスター、肖像画、写本、建築版画、図面、写真、フィルム
ケンブリッジ大学図書館	パピルスコレクション、聖書協会の図書館、王立連邦協会（RCS）資料
マンチェスター大学ジョン・ライランズ研究所・図書館	反人種差別コレクション、ダンテコレクション、宗教不適合コレクション、ガーディアンコレクション、兄弟団コレクション、パピルス、メソジストコレクション
ソルボンヌ大学図書館	ソルボナム、デジタル遺産ライブラリー、科学遺産コレクション、写本、地質学、数学、音楽学、化学物理学、各基金別コレクション
MIT 大学図書館	各図書館ごとのコレクション、ビジュアルコレクション、教育コレクション、イスラムコレクション、各研究所アーカイブズ、MIT オープンラーニングライブラリー
UBC 大学図書館	ノーマン・コルベック（書店主）コレクション、チャン・コレクション、ウノ・ランマン家コレクション、グレイト・リード・コレクション、新聞コレクション、映画コレクション
UCL 大学図書館	科学と医療のコレクション、英文学コレクション、自然史コレクション、建築・芸術コレクション、社会史コレクション、小印刷史コレクション
スタンフォード大学図書館	人工知能の歴史、アップル・コレクション、漫画コレクション、デビッド・ラムゼー地図コレクション
シェフィールド大学図書館	サーカスアーカイブズ、大学遺産コレクション
ハーバード大学ワイドナー図書館	アメリカ外国宣教使節委員会アーカイブズ、産業映画コレクション、テネシー・ウィリアムズコレクション、米国通貨コレクション、COVID-19 データコレクション、ポラロイド社コレクション、日本初期写真コレクション、日本ビデオゲームコレクション、先住民知識のコレクション

を行わなければならないように、長年にわたる重要な財政的責任を生む。

　各図書館がどのようにしてそのコレクションを選択しているか、シェフィールド大学の基準とは、またそれぞれに異なった基準での選択が行われているが、他方でそこにはまた共通する基準となる価値観があると考えられる。

　研究が社会に及ぼす影響力という点での「学術的価値」、世界が歴史的に残していくべき知的資産の一部としての「文化的価値」、コンテンツそれ自身に沿った意味と価値を継続していくという「組織的で学芸的な価値」、そして後世までコンテンツへのアクセスを保護するという「保存的価値」、そしてさらに、

それぞれのコレクションが持ち、専門的な判断によって測定される「財政的価値」などは、国際的な観点からも共通する基準に照らしてその価値観が共有されるものであろう。しかし、他方で、大学がその広い目標を実現し、包括するべき根本的なメッセージを含むような「象徴的価値」、そして、利用者のコンテンツ利用を優先する「操作的価値」などは、それぞれの大学が独自に判断していく可能性をもった価値観として考えられる。

　この「価値」をどのように認識し共有していくかは、大学図書館だけではなく、各国やその地域社会、大学のスタッフがコレクションの持つ価値をどれだけ尊重していくかという問題でもあるだろう。もし、大学がその組織としての存続が図れないような場合、各図書館が持つコレクションをどのような形で存続し、継続していくかが問われる問題でもあるといえる。

3. 大学図書館の動力

　一部ではあるが本書の世界の大学図書館についての考察では、多くのおもしろい問いやテーマをさらに発見することができた。

　第1に、大学図書館の使命や目的がどのように大学の戦略と結びついているかという問題である。

　大学によっては、大学図書館というよりも、カレッジやスクール、学部の専門分野との結びつきが重要となっている。たしかに、基幹図書館のような場合には大学の使命や目的を、図書館の役割に照らして重視する。しかし、これは当然といえば当然かもしれないが、キャンパス、学部やスクールが異なると、それぞれの所属図書館も独自の戦略や計画を展開する。本書で取り扱った大学のほとんどがトップクラスの大学であり、多くの大学が非常に多くの図書館を有しているが、小規模でローカルな大学の場合は図書館数も職員数も小規模にならざるをえない。

　日本の大学を含めて、近年、大学のポリシーとして、入学時のアドミッションポリシー、教育課程に反映されるカリキュラムポリシー、そして学位を授与するさいのディプロマポリシーを掲げていることが多い。そして、それぞれのポリシーには、各大学や学部で重要視する人材基準、教育の内容、専門的な学

位を与えるために学生が取得した知識やスキルが、各大学や学部の専門性に
そって示されている。

　各大学の図書館について執筆しながら生じた疑問点は、大学の精神や使命、
目的というものが、各図書館の知識の収集、保存、活用にどのように反映され、
関わっているかという点である。そのシステムの流れを考えるには、別のアプ
ローチが必要となるだろう。十分に読み取れなかったこの点については、大学
図書館だけではなく、各学部自体の戦略、カリキュラム構成が大学全体とどの
ように結びついているのかさえ、これまで十分には明らかにされてこなかった
のではないかという問題もある。

　社会構成主義的な観点から、知識が構成されていくプロセスを考えると、そ
こには、大学の学長や学部長、各学部で研究や学習面でリーダーシップをとる
有名教授、そして大学に影響を及ぼす企業や社会組織、そして特に政府や自治
体などの公共組織といったエージェントの力が大きく作用していると思われる。

　だが、大学自体や学生の学習成果の向上を図るうえで、どのようなカリキュ
ラムや知識の配分が必要かという問題は、時代の変化や知識の高度化に応じて、
大学全体で、あるいは学部で、あるいは学生自身が自己調整を図れるような学
習システムの導入が今後は求められていく可能性がある。

　このことは、大学図書館がどのような役割を果たすかという問題とも深く関
わっている。

　図書館が教育において果たす役割という問題は、小学校から高校までの学校
図書館が近年のデジタル化に応じてどう変化すべきかという問題と共通してい
る。学習のデジタル化や知識の高度化、そしてカリキュラムの変化に応じて、
図書館が提供すべきコンテンツをどのように収集、提供し、学習者が活用でき
る学習のヒントやアプリケーションを提供するかという問題である。ただし、
大学の場合は、各学部に共通する研究と教育のためのデジタルスキルの向上と
いう課題がある。

　第 2 に、大学図書館への教職員と学生の関わりである。

　今回取り上げた大学図書館の多くで、初年次からの学生が研究活動に参加し、
研究活動を通じての地域参加や職場参加がみられ、研究と教育、就職活動の一
体化がみられた。学生が初年次から学習と研究のスキルを持つことで、専門的

研究活動に研究者とともに参加し、学習意欲を向上し、専門的な研究や職場活動につながる例がみられる。世界で拡がる探究学習の発展や国際バカロレアのような教育カリキュラム、学生の研究活動への参加は、従来の伝統的な高等教育カリキュラムの再考を促すことになる。

第3に、多くの大学が、研究活動を通じて地域や企業との結びつきを強化している。

この点では、大学図書館と公共図書館の役割分担の問題もあるかもわからないが、地域や企業の情報資源を大学図書館がどう取り扱うかという問題につながっていく。

第4に、図書館職員の専門性の向上である。

欧米では、サブジェクト・ライブラリアンやエキスパート・ライブラリアンのように、きわめて高度な専門性を持った司書が大学では当然のように配置されている。日本でも、このような高度な専門司書が多くの大学図書館に配置されることを期待したい。

第1から第4の問いに対する1つの回答は、大学図書館による学習と研究のデジタル基盤、デジタルスカラシップの構築にあると考えられる。

本書では、大学図書館を中心に大学の問題を考えてきたが、国際的ネットワークの発展の影響についてあまりふれることができなかった。しかし、グローバル化の波の中で各国の大学図書館の役割を考える必要が生まれている。言語や文化の壁を越えた大学図書館のネットワークがどのような知識や学問の成果を創造し、その普及を行っていくか、大学図書館の社会的役割あるいは国際的役割については、科学的・国際的なデータに基づく研究がさらに求められる時代が来ている。

参考文献
・Ulferts, H, 2019, "The relevance of general pedagogical knowledge for successful teaching :Systematic review and meta-analysis of the international evidence from primary to tertiary education," OECD Education Working Paper No. 212, OECD

関連ウェブサイト

- ヨーロッパ研究図書館リーグの戦略 https://libereurope.eu/article/liber-strategy-2023-2027-now-online/
- オックスフォード大学 https://www.ox.ac.uk/
- オックスフォード大学ボドリアン図書館 https://www.bodleian.ox.ac.uk/
- オックスフォード大学デジタル図書館 https://digital.bodleian.ox.ac.uk/
- ケンブリッジ大学 https://www.cam.ac.uk/
- ケンブリッジ大学図書館 https://www.lib.cam.ac.uk/
- マンチェスター大学 https://www.manchester.ac.uk/
- マンチェスター大学ジョン・ライランズ研究所・図書館 https://www.library.manchester.ac.uk/rylands/）
- ソルボンヌ大学 https://www.sorbonne-universite.fr/
- ソルボンヌ大学図書館 https://www.sorbonne-universite.fr/bu
- MIT https://www.mit.edu
- MIT 図書館 https://libraries.mit.edu/about/
- ブリティッシュ・コロンビア大学 https://www.ubc.ca/
- UBC 図書館 https://www.library.ubc.ca/
- ユニヴァーシティ・カレッジ・ロンドン https://www.ucl.ac.uk/
- UCL 図書館 https://www.ucl.ac.uk/library
- スタンフォード大学 https://www.stanford.edu/
- スタンフォード大学図書館 https://library.stanford.edu/
- シェフィールド大学 https://www.sheffield.ac.uk/
- シェフィールド大学図書館 https://www.sheffield.ac.uk/library
- ハーバード大学 https://www.harvard.edu/
- ハーバード大学ワイドナー図書館 https://library.harvard.edu/libraries/widener

第14章
大学図書館の役割再考
生涯学習の場としての大学図書館

　最後に、世界の大学図書館を通してみてきた多様な図書館サービスを参考に
して、次の3点から、大学図書館の役割を生涯学習の場として、総括的に考え
直したい。その3点とは、専門的知識の提供、電子図書館、コミュニティとの
交流と参加の場、である。

1. 専門的知識の提供

(1) サブジェクト・ライブラリアンの必要性

　科学技術・学術審議会の「大学図書館の整備について（審議のまとめ）─変
革する大学にあって求められる大学図書館像─」(2010) では、今後大学図書
館職員に求められる資質・能力等として、① 大学図書館職員としての専門
性、② 学習支援における専門性、③ 教育への関与における専門性、そして ④
研究支援における専門性の4つをあげていた。このうち、② から ④ について
は、読書と学習・教育のサービスとしてまとめ、① に集中して重視したい点が、
大学図書館職員としての専門性であり、専門図書館としてのサービスである。
というのも、学校図書館や公共図書館との関係で大学図書館を見た場合、その
最も特徴的な役割は専門的知識の提供サービスにある。

　本書では、第6章「MITの図書館」において、エキスパート・ライブラリ
アンが果たす専門的知識の提供について紹介した。これまでの日本の図書館学
の文脈のなかでは、主題専門図書館員もしくはサブジェクト・ライブラリアン
として取り上げられることが多かった。

　呑海沙織は、「長年その必要性が説かれてきたにもかかわらず、未だ定着し

ていないサブジェクト・ライブラリアンであるが、日本の大学図書館において今後根付く可能性はあるのだろうか。また、その必要性はあるのだろうか」とその必要性に疑問を投げている（呑海、2004、p. 190）。呑海は、英国の大学図書館の状況を検討したうえで、日本におけるサブジェクト・ライブラリアンの可能性について、図書館員としての採用と選考、評価、報酬、養成・研修、人事制度といった点から、検討した。そのうえで、サブジェクト・ライブラリアンとは、「特定の主題分野における選書や蔵書構築、情報リテラシー教育等を行い、研究者や学生とその関連分野を接点として関わりを持つ図書館員」（呑海、2004、p. 193）であるとし、「問題は、サブジェクト・ライブラリアンの必要性の有無が、各大学や大学図書館で議論されているか」として、その必要性の再考を促した。

　その翌年には、『情報の科学と技術』誌で2005年特集号として「〈特集〉サブジェクトライブラリアンは必要か」が組まれ、薬師院はるみ（2005）が主題情報専門の司書として、米英と日本における「サブジェクトライブラリアン」について考察している。薬師院は、呑海の提起した問題を引き継ぎながら、最後に次のように述べている。

　　　あらゆる職業は、何らかの知識を現前させる営みである。ある業務を成立させる知識が高度で専有的であるほど、それを担う職業は専門職化しているということになる。となると、図書館学という知識の専門性を維持することと、その担い手、すなわち司書の専門職化とを切り離して考えることはできない。図書館専門職制度を確立することは、単に図書館業務従事者の身分や待遇を確保することではなく、図書館学という知識の担い手としての司書、ひいてはその知識によって支えられる機関としての図書館を守ることだと思うのである。（薬師院、2005、p. 366）

同特集号ではとりわけ、医学と法学における専門司書についての事例を取り上げた。
　医学図書館の場合、そのサービスの利用対象者は、医師・看護師・薬剤師などの医療専門職者、大学・研究機関の教員や研究者、医学・医療系教育機関に

属する学生となるが、これらの人々に加えて、近年では、一般の人々や患者の医療に関する知識や情報の要求に応じるために、患者図書館としての役割の重要性が高まっているという。その専門的知識としては、たとえば近年、EBM（Evidence Based Medicine）に基づく治療が求められるなかで EBM を用いた診療ガイドライン作成・活用についての支援を行う必要から、最新の医学研究の知識や情報について、利用者への的確な提供が求められている（諏訪部、2005）。

　他方、法学図書館の場合、法学の学習や研究は、国内法、国際法、そして民法、刑法などの法律データベースが整備されてきており、その利用が重要となっている。しかし、たとえば中央大学の場合のように、データベースを含めた法律の知識や情報の利用は、レファレンスサービスが図書館で行われる一方、研究書の収集は専門の法律研究所で行われ、データベースも専門の文献情報センターで行われるなど業務が分散されている場合がある（加藤、2005）。中央大学では、2004 年度より法科大学院が開設され、その授業システムを支援する教育研究支援室が設けられ、学部から大学院までの法律の学習と研究の資料整備や教材作成支援が行われるようになった。研究所の図書館では、判例集などの専門分野特有の刊行物があるため、図書館員はその書誌についての専門的な知識を経験的に学んでいく必要がある。しかし、その場合、基本的な図書館学の知識だけではなく、法学という学問領域の専門的知識の学習も求められる。

　学問領域（セクター）ごとに主題についての専門的知識を提供するためには、図書館学の専門的知識を持ちながら、各学問領域についての専門的な知識をあわせ持った司書が求められる。

　しかし、他方で、図書館学の専門的知識を持たなくても、主題についての専門的知識さえあれば、図書館司書の役割が果たせるという考え方もある。たとえば、金沢工業大学では、1982 年にライブラリーセンターの開設に合わせて大学教員サブジェクトライブラリアン（SL）制度を作り、各学科の教員を SL として数年担当させる仕組みを作った。各主題の専門性を備えた教員が教育と研究を行う一方で図書館の重要性を学ぶ機会ともなり、研究図書館としての機能向上を図っている。

　米国のサブジェクトライブラリアンに関する山田（2014）の調査によると、大学の規模あるいは大学が提供する学位の種類によって、サブジェクト・ライ

ブラリアンの存在状況が大きく変わるという。

　博士号授与・研究大学図書館（98 校）の場合、92％（90 校）の大学図書館にサブジェクト・ライブラリアンのリストの掲載があり、修士号授与大学図書館（98 校）ではその比率が 47％（46 校）、学士号授与大学図書館（98 校）では、17％（17 校）しかみられないという結果であった。また、サブジェクト・ライブラリアンのリストの掲載があった 3 種の大学のうち、その名称を確認するとサブジェクト・ライブラリアンというよりは、リエゾン・ライブラリアンの名称が用いられている（修士号授与大学 80％、学士号授与大学 82％）。リエゾン・ライブラリアンとは、教員や学生との連携、仲介を業務とする図書館員であり、特に各学問の専門領域の知識を必要としない。つまり、大規模大学ほどサブジェクト・ライブラリアンの存在が多くみられ、中小規模の大学になるほどリエゾン・ライブラリアンのほうが多いというのである。

　MIT の例も含めて、こうした専門的な大学図書館司書には、図書館学の学位だけではなく、主題に関する専門的学位を持つ司書が多い。その背景には、欧米の大学の場合、複数の分野の専門的学位、修士号や博士号を持つ研究者が多いという状況もある。

　そうした状況を支える 1 つの制度に、「複合学位システム」がある。

　　　複合学位システムとは 1970 年代初期から採用され始めた制度で、joint graduate program、joint interdisciplinary course などと呼ばれている。これは図書館学と他分野（歴史、法律、経営など人文系が多い）の学位を、個別に取得する場合よりも必要単位数を減らし、2 学位を同時に取得することができるようにしたものである。（宮部、1990、p. 313）

このような制度が、欧米の大学図書館司書の専門性をさらに高める結果となっている。

　大学の図書館司書がほかの専門分野の学位を得る制度、逆に大学教員が図書館学の学位を容易に得られる制度があれば、司書、教員、研究者の各面からより高度な専門性を持った大学図書館司書を養成することができる。

（2）知識と情報のマネジメント

　各セクターの専門的知識を備えた大学教員が図書館サービスを行う場合と、図書館情報学の専門的知識を持った司書がそれぞれに各セクターの専門的知識を備えてサービスを行う場合では、決定的に異なる点がある。

　それは、前者が自分の専門分野を越えたサービスを求められた場合に応えられないという点である。後者は、そうした学問セクターを越えた知識や情報のサービスを行える可能性があるが、その場合には司書が複数の学問領域にわたる専門的知識を持つ必要がある。学部や学問領域が 1 つの大学ではなく、多くの大学では複数の学部や学問領域にわたる大学図書館サービスが行われており、それぞれの学部ごとに特定の学問領域の専門知識を持った図書館司書が必要となってくる。総合的な大学になるほどに、包括的で「学問の壁」を越えた大学図書館の戦略が求められるようになる。

　20 世紀末から 21 世紀に入った頃に、ナレッジマネジメントの研究が進められ、各学問セクターの知識の特異性と共有性の問題や学問セクターを越えた知識システムの可能性が OECD 教育研究革新センターで論じられたことがある。20 世紀の後半に、マイケル・ポランニーが『暗黙知の次元』や『個人的知識』といった著書において暗黙知や形式知を提唱したが、そうした研究の理論的成果として、知識と学習のナレッジマネジメントについては OECD が、『知識の創造・普及・活用』（*Knowledge Management in the Learning Society*）にまとめている。

　その論文の 1 つ、デヴィッド・ハーグリーブズの「専門的知識にみる知識の生産、普及、活用：教師と医師の比較分析」（邦訳 2012）では、医学と教育学の専門的知識の相違と共通点を論じている。両分野における現場でのエビデンスに基づく医療実践と授業実践の知識を検討しながら、養成システムや制度において求められる専門的知識の相違点と共通点を論じ、最後に専門的な知識ベースの包括的モデルを示している。

　彼によれば、知識ベースの構成要素として、図表 1 に示した 4 つのタイプの知識があるという。

　このうち、宣言的知識と科学的知識は、比較的低レベルの暗黙知を伴うが、形式的な知識（形式知）であり、明示的である。他方、手続き的知識と個人的知識は、暗黙知に富む。

図表1　知識ベースの構成要素

(ハーグリーブズ、D. H.、邦訳2012、「専門的知識にみる知識の生産、普及、活用：教師と医師の比較分析」p. 450 より)

知識のタイプ	内容
宣言的知識	"know what"、前提とされるコード化された知識
科学的知識	多様な形態のコード化された知識
手続き的知識	"know how"、プロセスに関する知識
個人的知識	試行錯誤やその他の実践による学習を含め、個人が経験によって専門的な知識ベースとして統合し、熟練の専門的判断を育てていこうとしながら構築する知識

　医療においても、教育においても、クライアントである患者や生徒の抱える問題やその治療法、対処法のためには、専門的な分類や総合的な知識システムが重要となってくる。そのさいに、医療と教育では、専門職の知識の取り扱い方において、個人的知識が中心となるか、社会的知識が中心となるかで異なってくる。

　ハーグリーブズは、ここで、2つの職業における専門的知識について、次の3点を指摘している。第1に、図表2に示した上半分は知識が特定の個人の独自の所有物とされるが、下半分は、社会的、つまり専門職の集合的な知識となる。医学では、知識ベースを社会の方へ引き寄せるが、教師の場合は個別の知識へ引き寄せる傾向にある。その結果が図表3である。第2に、それぞれの専門職の研修において、医師の場合は徒弟教育モデルが強く、知識の社会的伝達が中心で明示的である。他方、教師は、「反省的実践者」のモデルに移る傾向があり、専門的社会化が個別的である。第3に、研究と開発のアプローチの面でも、医学の場合は、実証的な医療の開発が社会的に有効で、科学的根拠があるとされた社会的知識が重要とされる。これに対して、教師は「優れた実践」、ベストプラクティスの話し合いはするが、専門的実践の有効性を実証的に行うよりは個別の知識となる傾向にあるという（ハーグリーブズ、邦訳2012、p. 451）。

　こうした職業における専門的な知識の相違点は、それぞれの職業の訓練システムや学習システム、つまり大学における人材養成や現場のシステムの相違やそれぞれの学問の教育者や研究者が、図書館からどのような知識を利用するかという問題とつながる。教育や工学、そして医療のセクターにおけるナレッジマネジメントがどのように異なっているかについても、OECDの研究は詳細

図表 2　専門的知識ベースの包括的
モデル
（ハーグリーブズ、D. H.、邦訳 2012、p.
452 より）

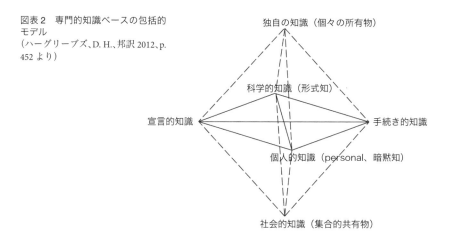

図表 3　専門職の相違による知識の傾向
（ハーグリーブズ、D. H.、邦訳 2012、p. 452 より）

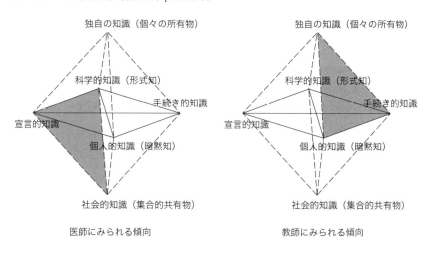

医師にみられる傾向　　　　　　　　　　　教師にみられる傾向

な考察を行っているが、OECD の研究においては、知識の重要な担い手であり、
エージェントである大学図書館についてはほとんどふれられていない。
　実際、学問が活用される現場というものを考えた場合、1 人の人間を対象と
したサービスが行われるさいにも、病院に行くと、1 人の患者の病態によって
多分野の医者が治療の機会を提供してくれるし、重体の場合にはそれぞれの専
門医が統合的に、そして緊急に患者の治療を行うことがある。他方、教員 1 人

が行う教育サービスは多数の生徒に対して行われ、1人の生徒の学習上の問題について、他分野の教育専門家が担当してくれることはほとんどなかった（現在では学校によって、学校カウンセラーや社会福祉カウンセラーが教員と協働して対処してくれる場合もある）。

　本書でこれまでみてきた大学の学習においては、次第に研究と教育が密接に結びつき、SDGs などの複雑な問題解決のためのプロジェクトを推進するため、学部の学問セクターを越えたプロジェクト研究が増大しつつある。そのような研究活動では、プロジェクトチーム制の採用が多くなっている。また、日本を含めて、学校現場では、チーム学習やアクティブラーニングという方法も発展しつつある。

　知識基盤社会への変化のなかで、大学が企業や病院、学校の現場との関係でその学問を活用していく場合、大学図書館による専門的知識の提供の役割はさらに増す可能性がある。OECD の前書では、教育、医療、工学の各セクターにおける知識の相違があるとしても、すべてのセクターのためのツールとして ICT があり、「知識集約的な組織」が今後は重要となるとしている。知識集約的な組織とは、知識が経験的に蓄積されており、知識の集約的な利用が行える組織であり、その構成員が高水準の秘伝的知識を持ち、また専門的な分野をもって他者には代えがたい知識とスキルを持つ組織である。

　その意味でも、大学図書館が知識集約的な組織として機能するために、ICT を活用した電子図書館サービスは不可欠となる。

2. 電子図書館サービス

(1) デジタル情報サービスの提供

　第 1 章では、国際的な図書館ネットワークを紹介した。そのうち、欧州研究図書館協会（LIBER）は、2023 ～ 2027 年の戦略として、オープン性の推進、デジタル学術環境における権利と価値の保護とともに、デジタル・トランスフォーメーションを推進する新しいテクノロジーの 3 つに焦点を絞ってワーキンググループを組織し研究を進めている。特に最後の焦点は、研究や学術活動に AI などのデジタル技術の開発が図書館のデジタル化を進めるという前提に立って

いる。

　また、第 1 章では紹介しなかった大学図書館コンソーシアム連合（Japan Alliance of University Library Consortia for E-Resources, JUSTICE）は、電子リソースに特化した日本の大学図書館ネットワークである。この組織は、国立大学図書館協会コンソーシアム（JANUL コンソーシアム）と公私立大学図書館コンソーシアム（PULC）とが 2011（平成 23）年に連携し、さらに、国公私立大学図書館協力委員会と国立情報学研究所（NII）間での『連携・協力の推進に関する協定書』（2010年）にもとづき、「電子ジャーナル等の確保と恒久的なアクセス保証体制の整備」の推進をおもな目的としている。具体的には、電子ジャーナルなどの電子リソースに係る契約、管理、提供、保存に係る総合的な活動と、その業務に携わる人材の育成などを行い、日本の学術情報基盤の整備への貢献をめざしている。国立情報学研究所の電子アーカイブ事業や電子リソース管理データベースプロジェクト、そして CLOCKSS（Controlled Lots of Copies Keep Stuff Safe）と呼ばれる国際的なデジタルコンテンツ・アーカイブ・プロジェクトにも参加している。このプロジェクトは、世界の研究者のためのデジタル資源の長期保存を目的とし、コンテンツが出版社から提供されなくなった場合に備えたアーカイブ構築を目的としている。

　このように電子図書館や電子リソースサービスに向けた国内外の動きは急速に進んでいる。しかし、竹内らによると、電子図書館的機能の展開や電子ジャーナルの導入、オープンアクセスやオープンサイエンスへの関与、ラーニング・コモンズの導入といった大学図書館機能の変化を契機にして、大学図書館員には、データベース管理、デジタル化、ライセンシング、学術コミュニケーション全体に対する知見、教育・学習支援者としての専門職能、分野ごとのデータの扱いや特性の相違についての新しい知識やスキルが求められるようになっている（竹内、2020、pp. 2062-2066）。

(2) 電子図書館の課題

　本書の各国の大学図書館の事例を通じて、ICT を活用した電子図書館としての役割に注目した場合、デジタル・テクノロジーの発展は、多様な課題をもたらしている。

1）ビッグデータの時代

　第1に、現代は、「ビッグデータ」の時代を迎えており、年々というより、日々取り扱われるデータが莫大な量になっている。個人が取り扱う情報量の単位も、1990 年代にはフロッピーディスクの 1 メガバイト（MB）が普通だった状況から、2010 年代にはギガバイト（GB）からテラバイト（TB）へ、そして今後はペタバイト（PB = 1024 TB）からエクサバイト（EB = 1024 PB）のビッグデータの時代に入ってきた。「WEB2.0」と呼ばれる社会では、UGC（User Generative Contents）、つまり利用者が毎日のように情報と知識を発信し続けている。これまでに、新聞、ラジオ、映画といったメディアを図書館は収集していたが、活字だけではなく、電子媒体のデータをどの程度まで、データの種類もテキスト中心の構造データだけではなく画像や動画などの非構造データも含め、どのような種類のものを収集し蓄積していくのであろうか。

　マスメディアである新聞でさえ、ネット上のデータは、一定期間が経過すると消滅していく。また、SNS、ソーシャルネットワーキングサービスは、必ずしもそのサービスが継続するとは限らない。音楽 CD、DVD やフィルムのような媒体のデータは保存する方向にあるが、SNS や YouTube の動画などのネット配信される膨大な量のデータの保存には、限界がある。

　ただ、Google のような大企業は、何百万冊という図書館の蔵書を含めて電子化し、ビッグデータとして活用している。Amazon もまた、何十億という人々の商品購入データを分析して、個人の好みにあった書籍や商品を紹介している。大学図書館はこれらの大手電子企業とどのように連携していけるのだろうか。

2）デジタルテクノロジーの発展

　第2に、ICT アプリケーションを含めたデジタルテクノロジーの発展である。

　知識の収集、整理、分析という点で、各種の教育研究データベースが 20 世紀末には多く作られていったが、現在では、研究者や学生といった図書館の利用者が EndNote や Mendeley といった文献データベースを自由に扱えるようになってきている。また、学習分析 IR やテキストマイニング、そして生成系 AI といった研究分析や翻訳、執筆用のアプリケーションも発展してきている。大学図書館によっては、こうしたアプリケーションサービスを提供し、学習者自

身が図書資料についての深い分析や研究を行える環境を提供している。学術情報センターとしての大学図書館がこのような専門的なアプリケーションを提供するためには、情報プロフェッショナルとしての専門職を配置するか、司書自身がその資格やスキルを持つ必要が生まれている。

　大学によっては、情報センターを有してさえいれば、そのサービスを提供できると考えて役割分担が行われる。しかし、利用者の視点からみれば、大学図書館と情報センターとの連携がなければ、大学図書館の情報サービスは不十分なままで終わる。

　デジタルテクノロジーの発展は、ICT を活用した学習の方法や内容の高度化・複雑化を生む可能性がある。日本では、新しい学習指導要領において、主体的、対話的で深い学習を小学校から高校段階でめざしている。探究的な学習の実践現場では、デジタル化の進む学校図書館と授業において学習者がネットワークを用いて新たな知識を生成し、創造することが求められている。知識の生成や創造の時代において、ゲーミフィケーションや AI を活用した学習環境が高等教育でも求められる。いったいこうした急速な高度化にどれだけの大学が対応していけるのだろうか。

3）オープン教育リソースの提供
　第 3 の課題は、オープン教育リソース（OER）の提供である。
　ユネスコは、2019 年の第 40 回会合において、「オープン教育リソース（OER）に関する勧告」を提出した。その序文で、この勧告は、世界人権宣言の第 19 条（「すべて人は、意見及び表現の自由に対する権利を有する。この権利は、干渉を受けることなく自己の意見をもつ自由並びにあらゆる手段により、また、国境を越えると否とにかかわりなく、情報及び思想を求め、受け、及び伝える自由を含む」）や教育を受ける権利に関する第 26 条、そして創作物の保護に関する第 27 条を前提とする。
　また、「先住民族の権利に関する国連宣言」「障害者の権利に関する条約」などをふまえている。さらに国連の「持続可能な開発のための 2030 アジェンダ」における「ICT の普及とグローバルな相互連結性が、人類の進歩を加速し、デジタル格差を解消し、知識社会を発展させる大きな可能性を秘めている……」ことや、ユネスコが SDG 4 の達成に重要な役割を持つことを強調して

いる。また、2003年に開催された世界情報サミットの理念の宣言（Declaration of Principles）では、「人々が中心となった、包括的で成長中心的な情報社会を構築すること、その社会では誰もが情報と知識を創造し、アクセスでき、利用でき、共有できる」ことの目的を共有化した。

　こうした世界の動向をふまえて、このOERのユネスコ勧告では、さらに次の点の認識が重要であるとしている。第1に、AIなどのICTの発展が言葉や音、イメージによるアイデアの自由な流れを改善し、知識社会へのすべての人の参加を保証する課題を持つこと、第2に、良質の基礎教育とメディア・情報リテラシーが、AIを含むICTを利用し、そこから利益を得る前提条件となることである。そして、包括的な知識社会の構築において、OERは、教育と学習に利用可能な教材の範囲を広げることにより、公平で包括的、オープンで参加型の質の高い教育を支えるとともに、学問の自由と教師の専門的な自律性を向上できるという点である。

　ユネスコの勧告は、これまでのケープタウンのオープン教育宣言（2007）、オープンな教育リソースに関するダカール宣言（2009）、パリのオープン教育リソース宣言（2012）、そして、リュブリャナOER行動計画（2017）に基づいて、OERの主流化を提唱している。さらに、すべてのユネスコ加盟国が包括的な知識社会を構築し、持続可能な開発のための2030アジェンダの実現（すなわちSDG 4「質の高い教育」、SDG 5「男女平等」、SDG 9「産業、イノベーションとインフラストラクチャー」、SDG 10「国内および国を越えた不平等の削減」、SDG 16「平和、正義、強力な制度」、SDG 17「目標のためのパートナーシップ」）が求められるとしている。

　この勧告では、OERを次のように定義している。

　　　オープン教育リソース（OER）は、パブリックドメインに存在するかオープンライセンスに基づいてリリースされた著作権下にあり、無料でアクセス、再利用でき、意味づけされ、適用でき、他者による再配布ができる、多様なフォーマットやメディアで作成された学習や教授、研究の教材である。

　OERによって、情報と知識への普遍的なアクセスが可能になる。そのため、教育開発のコストを削減できるし、多様な学習状況に応じた教材作成や、特別

支援を必要とする学習者のための代替的でアクセスしやすいフォーマット開発に役立つとしている。

　ただ、大学生が年間どの程度の教科書や教材を購入しているかについての正確な研究は少ない。全国大学生活協同組合連合会の『「2022 年度保護者に聞く新入生調査」概要報告』によると、入学時における教科書・教材購入費（パソコン／教科書／電子辞書本体／教材／その他）は、平均して約 20 万円となっている。ただし、国立と私立でその費用は異なるし、学部による差も大きい（国公立平均約 24 万円、私立約 19 万円、文科系国公立約 23 万円・私立約 17 万円、理工系国公立約 24 万円・私立約 21 万円、医歯薬系国公立約 28 万円・私立約 22 万円）。しかし、ここにはパソコン購入費も含まれており、毎年の教科書代は不明である。この調査は保護者を対象としているが、「最も困った点」として、「教科書・教材費が高かった」という回答が 36％を占めていた。

　文科系の場合、卒業に必要な単位数は 124 単位であるが、その科目数を 62 科目とし、すべての科目で教科書を購入すると計算し、教科書代が約 3 千円なら、卒業までに約 20 万円を必要とすることになる。近年、毎年の学費さえ払えず、奨学金に依存する学生が増えているような状況のなかで、この費用を少額だと切って捨てることは難しい。しかし、教科書を用いずに行う学習の効果はきわめて低くなることは先行研究で明らかにされている。

　OER の研究者ヒルトンは、「オープンな教育リソースと大学教科書の選択：有効性と認識に関する研究のレビュー」と題した論文において、教科書を使用することの重要性と OER の役割について述べている（Hilton, 2016）。彼は、OER の学習効果に関する 9 件の研究と学生や教員の OER に関する認識の研究 7 件のレビューを通じて、OER の利用が生徒の学習を低下させるわけではないこと、学生が経済的困難に直面し、OER が経済的利益をもたらしていること、約半数の学生が OER を従来のリソースと同等と考え、相当数の学生が OER を優秀と考える一方で、OER が劣っていると考える学生が少数にすぎないと結論づけている。他方、教員の場合は、OER の利用経験について異なる認識があり、OER は従来のリソースとその効果が変わらないと考える一方で、作成や導入についての潜在的な偏見が共通すると論じている。ヒルトンは、OER の採用が学習効果を損なわずに学生に経済的利益をもたらすこと、その意味で

は従来の教科書利用の経済的負担を疑問視すべきとする結論を述べている。

4）ICT 活用能力の向上

　デジタルテクノロジーの導入は、教員による OER の作成や活用を含めて、教員側にさらなる ICT 活用能力（ICT コンピテンシー）の向上を求める。

　そのために、ユネスコは、「教師のためのユネスコ ICT コンピテンシーフレームワーク（ICT-CFT）」を提供し、各国の教育省や高等教育機関を支援して、教員の ICT コンピテンシー政策、標準、コースやオープン教材の発展に協力している。たとえば、ユネスコの「OER プロジェクトに活用する教員の ICT コンピテンシーの枠組み」では、教員が OER を活用して、3 つのアプローチをとるように設計されている。

　第 1 段階は、知識の習得であり、学生や生徒が効果的に ICT を利用できるようにすることである。

　第 2 段階は、知識の探究であり、専門科目ごとの深い知識を獲得して、複雑な現実世界の問題に適用することである。

　第 3 段階は、知識の創造であり、いっそう調和的で、満足のいく、そして豊かな社会が求める新しい知識を学生や生徒、市民、そして将来の職業人が創り出すようにすることである。

　この 3 つのアプローチを進めるために、ICT の理解、カリキュラムと評価、教授法、デジタルスキルのアプリケーション、組織と運営、教員の専門的学習のためのリソースの開発を各国で行っていくことが求められる。ケンブリッジ大学をはじめとする 10 か国以上の大学が、すでにこのプロジェクトに参加している。

　図表 4 には、教員に必要な ICT コンピテンシーの発展を示したが、このようなコンピテンシー（知識とスキル、態度を含む能力）の開発は、大学教員が個人で行うことは困難である。大学の情報センターや大学図書館を含めた大学組織が継続的にその研修の機会を提供することが求められる。同時に、このような ICT コンピテンシーの向上とともに、OER の教材開発は、各学部や専門領域の教員や研究者が行っていく必要がある。各国の言語だけで利用できるものから、国際的に利用できるような OER 教材の開発、そして活用は、各国、各

	知識習得	知識探求	知識創造
教育における ICT の理解	目標（policy）の理解	目標の適用	目標の革新
カリキュラムとアセスメント	基本的知識	知識の活用	知識の社会的スキル
教授学	ICT 向上の教授	複雑な問題解決	自己管理
デジタルスキルのアプリケーション	アプリケーション	注入（導入）	変容
組織と運営	標準的教室	協働グループ	学習組織
教員の専門的訓練	デジタルリテラシー	ネットワーキング	革新的な教員

図表 4　OER に必要な教員の ICT コンピテンシー
（UNESCO, 2022, p. 3）

大学の教員や研究者、そして学生自身が参加していくことにより可能となるだろうし、知識とスキルを含めたコンピテンシーの共有化とその向上の前提条件として、知識の開放が求められている。

5）デジタルスカラシップ

教員や学生がデジタルツールを活用して、研究や学習を展開する機会の拡大に伴い、デジタルスキルや学習スキル、研究スキルの研修、各種の検索ツールやデータベースのアプリ、デジタル著作権や出版に関して、大学の各学部が共通して利用できるデジタル教育やデジタル研究の基盤が求められつつある。そうした共通の基盤組織やシステムは、デジタルスカラシップ（デジタル利用による教育と研究のための学術的な基盤組織）と呼ばれ、電子図書館がその役割を担当する例が増えつつある。

本書で取り上げた各大学のデジタルスカラシップに相当する組織を図表 5 に示した。それぞれの大学では、電子図書館が担当する大学もあれば、学術用のプラットフォームだけ、あるいは新たなチームを立ち上げているような例や、大学全体で新たな組織を提供する例もある。また、そのなかでも電子図書館が提供するデジタル人文学と関連づけている例もみられる。

図表 5　デジタルスカラシップの発展

オックスフォード大学	デジタルスカラシップセンター Centre for Digital Scholarship
ケンブリッジ大学	研究コンピューターサービス Research Computing Services
マンチェスター大学	デジタル人文学　Digital Humanities
MIT	デジタル人文学　Digital Humanities
ユニヴァーシティ・カレッジ・ロンドン	デジタルイノベーションセンター Centre for Digital Innovation
スタンフォード大学	学際的デジタル研究センター Center for Interdisciplinary Digital Research
ハーバード大学	ハーバード大学デジタルスカラシップグループ Harvard University Digital Scholarship Group
ワシントン大学	デジタルスカラシッププラットフォームサービス The Digital Scholarship Platforms Service Digital Scholarship:Home（ボセルカスカディアカレッジ図書館）
マンチェスター大学	デジタル信頼と社会センター Centre for Digital Trust and Society

　これ以外の大学図書館の例では、米国のシカゴ大学図書館、ワイオミング大学図書館、ブラウン大学図書館、オランダのライデン大学図書館がデジタル・スカラシップセンター (DSC) を図書館内に設置している。また、カナダのアルバータ大学の場合は、この DSC は、大学全体の共有組織として位置づけている。

　この組織を、ラムゼイは、新しい学術コミュニケーションモデルとして、次のように定義している。

　　　デジタルスカラシップとは、デジタルによる科学的根拠と方法の使用、デジタル著作権、デジタル出版、デジタル・キュレーションと保存、そして学問のデジタル活用と再利用のことである（Rumsey, 2011, p. 2）。

　今後このようなデジタルスカラシップセンター、あるいはその類似機能を持った組織やサービスは、デジタル化の進展に伴い、その必要性をさらに増していくと考えられる。

3. コミュニティの交流と参加の場

(1) ラーニング・コモンズ

　日本の大学におけるラーニング・コモンズの統計は、「学術情報基盤実態調査」の大学図書館の「アクティブラーニングスペース」を見ることで把握できる。2022（令和 4）年度「学術情報基盤実態調査」結果報告によれば、調査大学 811 大学の図書館 1,541 館のうち、アクティブラーニングスペースを設置している大学図書館は 797 館（51.7%）と、半数以上の大学図書館にアクティブラーニングのためのスペースが設置されている。2012（平成 24）年度には 226 館、15.1% であったから、この 10 年間にほぼ 3 倍以上の大学図書館にアクティブラーニングスペースが設置されたことになる。

　その背景には、高等教育における学習の質的転換、つまり学生の主体的な学びを重視したアクティブラーニングを推進する高等教育政策がある。平成 24 年の中央教育審議会答申「新たな未来を築くための大学教育の質的転換に向けて」では、「従来のような知識の伝達・注入を中心とした授業から、教員と学生が意思疎通を図りつつ、一緒になって切磋琢磨し、相互に刺激を与えながら知的に成長する場を創り、学生が主体的に問題を発見し解を見いだしていく能動的学修（アクティブラーニング）への転換が必要である」としている。そして、科学技術・学術審議会の「大学図書館の整備について」では、

　　　最近の大学においては、学生が自ら学ぶ学習の重要性が再認識され、その支援を行うことが大学図書館にも求められている。近年、整備が進められているラーニング・コモンズ、図書館職員等によるレファレンスサービスや学習支援は、このような要請に応える方策といえる。ラーニング・コモンズは、複数の学生が集まって、電子情報資源も印刷物も含めた様々な情報資源から得られる情報を用いて議論を進めていく学習スタイルを可能にする「場」を提供するものである。その際、コンピューター設備や印刷物を提供するだけでなく、図書館職員等が、それらを使った学生の自学自習を支援することも重要である。（科学技術・学術審議会、2010、p. 6）

実際、世界の大学図書館でもラーニング・コモンズの設置は進んでいる。パリデジタル大学のジョン・オージェリは、世界のラーニング・コモンズの動向を研究した結果を論じ、シドニー工科大学やカルガリー大学などの優れた図書館の事例も研究している。彼は、ラーニング・コモンズの重要な役割は、人と人とのコラボレーション（協働）にあるという。多くのラーニング・コモンズは、交流可能ゾーン、グループ活動ゾーンと個人学習空間がある。しかし、あまり個人の空間は利用されない。その理由を尋ねると、「ラーニング・コモンズは自分達にとって人と交流し何かを作り上げる場所であって、1人で勉強したければ図書館へ行く」と多くの学生が答えたという（オージェリ、p. 6）。学生がその空間に期待するのは、電源や Wi-Fi が利用でき、飲食できる場所であり、リラックスできる空間だという。その空間では必ずしもハイテクは必要でなく、デジタルとアナログが混在している空間が好まれる。

　ラーニング・コモンズが求められる理由の1つはこの学生の「交流」への要望であり、ラーニング・コモンズの有無が学生にとって大学選択の要素になっている。また、大学によっては、学部ごとにアクティブラーニングスペースを持つものもあるが、大学の象徴的な建物に包括的なラーニング・コモンズのあることが重要なポイントである。

　世界の大学では、ラーニング・コモンズの 80％が図書館のなかにあるという。

　　　ラーニング・コモンズの最大の特徴は、アクティブラーニングスペースをラーニング・コモンズあるいは図書館の中に入れ込むことができる、ということです。ただ課題が2つあります。1つは、施設の収容力です。授業等を行うのであれば、学生がそこにきちんと収まるのか、ということです。もう1つの課題は、先生方がその空間を効果的に使えるのかどうかで、使えないのであれば、それを教えなければならないのです。（オージェリ、2018、p. 8）

　ラーニング・コモンズについてのデータベースは、Educause というサイトで紹介されており、デザインと評価のツール、多様な実践例がそのサイトで確認できる。ラーニング・コモンズは、能動的な学習を仕掛けるための講義でのア

クティブラーニングの場というだけではなく、教員や学生が、研究のコラボレーションや学生活動の交流の場としての活用を図ることが望まれる。学習と研究における持続的なコラボレーションの場として、学部内での利用を含めて学部間にわたる学習や研究のコミュニティが形成される場としての役割がラーニング・コモンズに期待される。

（2）学習者の社会参加と知的創造支援

　本書では、大学と大学図書館の関係、そして図書館利用者としての大学生が研究活動への参加から大学図書館活動への参加にいたるまでの多様な事例を検討してきた。大学図書館だけではなく、大学そのものがいっそう開かれた学習機関としてその社会的役割を発揮することが求められる今日、大学や大学図書館を伝統的な一方通行の教育、個人的な学習の場として捉えるのではなく、学生や市民が参加する生涯学習の場として捉えていく視点が重要となる。

　ユネスコ教育計画研究所（International Institute for Educational Planning, IIEP）で成人教育の専門家として国際的な研究と事業を行い、ドイツ、ハンブルクのユネスコ生涯学習研究所（UIL）の所長（在任期間 2018 ～ 2023 年）であったデビッド・アチョアレナは、「生涯学習機関としての大学：高等教育の新たなフロンティア？」という論文で、今後の大学の役割として、1）市民の学習機会の拡大、2）学習のデジタル化、3）地域発展の原動力としての大学、4）グローバル市民の育成、の 4 つの課題をあげている（Atchoarena, D., 2021）。各課題が大学図書館とどのように関わるかを考えてまとめとしたい。

1）参加機会の拡大

　第 1 の課題は、さまざまな年齢や個人的および職業的生活の各段階で高等教育に入学、再入学または遅れて入学する多様な学習者への大学教育の提供である。彼は、この点で職業人としての成人の学習支援、高齢者、障害のある人を含めて、高等教育への経路の開放が必要としている。まだ日本では十分展開されていないが、高等教育の制度的な工夫として欧米ではマイクロクレデンシャル制度や国家資格フレームワーク（National Qualification Flamework, NQF）の取り組みが進められている。単位互換制度も、1 つの大学で学ぶだけではなく、自

分が学びたい大学で学んだことが評価・認定される仕組みである。このシステムは、柔軟な学習経路と学習成果の認識、検証、認定を保障するものであり、日本では、後期中等教育との間や大学間でも次第に進められてきている。

　学生や市民参加機会の拡大に向けた図書館のサービスとしては、次のものがある。

① 職業人予備軍としての学生に向けたキャリアサービス
② 設備面、コンテンツ面でのユニバーサルデザインや障害者支援サービス
③ 大学卒業後の学び直し、リカレント教育に対応したサービス
④ 地域市民への大学図書館の開放
⑤ 図書館企画や図書館業務への学生参加

　これらの充実は、大学図書館にとってそれぞれにメリットがあるといえるが、ただし、①のキャリアサービスという点では、大学にあるキャリアセンターとの連携をどのように進めていくかが大きな課題となり、個別の組織を越えた業務提携を行ううえで、大学管理組織による機能の調整が必要となってくる。

2）デジタル学習への対応
　電子図書館サービスの課題として述べたビッグデータ、OER、テクノロジーの発展、ICTリテラシーの研修といった視点に加えて、特に、デジタルコンテンツの開発と活用、デジタル学習の発展がさらに加速していく可能性がある。社会におけるデジタルテクノロジーの発展にともなって、大学図書館でも当面は、次のような課題が生まれてくる。

① 大学図書館の既存資料のデジタル化
② 個別の地域や文化のデジタルアーカイブの開発
③ デジタル資源へのオープンアクセスの拡大（一般市民による利用の無料化）
④ 動画、オーディオ資料など多様なメディア資料の充実
⑤ 行政や企業が提供するデジタル資源との連結
⑥ 大学の情報支援センターとの連携

⑦ デジタルスカラシップの充実

特に⑥と⑦は、情報支援センターの機能と大学図書館の機能が重複する部分であり、組織間の調整が必要である。

3）地域発展のための大学

国立大学や私立大学はともすれば、国全体の利益、私企業としての利益に重点が置かれる。しかし、大学の存在が地域発展の原動力となっているような公立大学、私立大学も存在する。大学による地域コミュニティへの関わりは、その地域の生涯学習や問題解決において、大学の貢献の重要な部分を構成する。大学は、地域において、大きな面積を占める事業というだけではなく、そこで学び働く人々を含めた生態的なエコシステムであり、地域の持続可能な発展において重要な役割を果たしている。教員・研究者と学生がコミュニティやボランティア活動に深く関わり、その参加を支援し奨励する大学のプログラムは、その地域の経済発展や人材開発に大きく貢献する。その点では、大学図書館もまた、そうした地域の発展に貢献できるようなサービスが重要となってくる。

① 地域固有のアーカイブやコレクションの収集と保存、活用
② 地域の公共図書館、学校図書館とのネットワーク形成
③ 地域の多彩な専門図書館・資料館や情報資源、NPO とのネットワークの形成
④ 社会的に不利な立場にあるグループを支援する図書館サービス

これらの大学図書館サービスの一部は、本書でも紹介されている。地域の定義をローカルなものから、グローバルなものへと展開すると次の課題につながることになるだろう。

4）グローバル市民の育成

ユネスコの教育計画研究所で開発途上国の職業研修に深く長く、そして広く関わってきたアチョアレナ氏は、大学の国際的な課題として、グローバル市民

を育成すべき大学の役割にふれている。実際、世界中のいたるところで、深刻な国際移住の問題が発展しており、その最も悲劇的な表現の1つとして難民危機がある。各国で次第に増加している難民の教育問題として、経済的、物理的、心理社会的な障壁もあるが、それ以上に最大の問題は、自国を追われた後の学習成果の認定の欠如である。ユネスコは、難民の資格を評価するプロセスの標準化にも貢献し、「資格パスポート」の仕組みを提供しているが、この仕組みは、公式の教育文書がない場合に、学習や研究を完了した証明書として他国でも部分的にでも認定できるようにしようとするものである。

　EU では、前述の NQF のような仕組みが現実に機能しているが、日本にはまだそのような仕組みがない。しかし、国際的な単位互換や資格認定といったトレンドとは別に、各大学自体がグローバル化する世界に応じて、どうその教育環境を整備していくかという課題がある。

　日本では、人口減少に対応した外国人人口増加政策が進む一方で、学校教育では小学校段階からの外国語教育の導入が進んでいる。地域によっては、在日外国人に応じた外国語資料を提供している公共図書館もあり、グローバル化を目標としている大学では、留学生の交換も進んでいる。大学図書館の長期的な計画の構想においては、グローバル化の課題として、次のような展開が期待される。

① コンテンツとしての外国語資料の充実
② 各国の大学図書館とのネットワークの形成
③ 留学生向けの学生支援資料の開発
④ 地域の公共図書館と連携した外国語資料の提供

　本書で紹介した大学図書館では、大学生の構成自体が多文化化している。また、同時に、地域のマイノリティが持つ文化資料の保存にも熱心に取り組んでいる。

　ローカルな学習のコミュニティから、グローバルなコミュニティにいたる世界の学習活動に、学生や教員、研究者、そして大学職員や図書館職員自身が参加できる環境形成が大学図書館には求められているのではないだろうか。

参考文献

（URL はすべて 2023 年 7 月 30 日 取得）

・ALISE, 2023, "2022 ALISE Statistical Reports"

・Atchoarena, D., 2021, "Universities as Lifelong Learning Institutions: A New Frontier for Higher Education?" Land, H. *et al*. ed., *The Promise of Higher Education*, International Association of Universities, pp.311-319

・John Hilton, J. III, 2016, "Open educational resources and college textbook choices: a review of research on efficacy and perceptions", *Educational Technology Research and Development*, volume 64, pp. 573-590

・Rumsey, A., 2011, "New-Model Scholarly Communication: Road Map for Change." *Scholarly Communication Institute* 9. University of Virginia Library. Archived from the original on 2015. Retrieved 29 March 2019. https://web.archive.org/web/20150404041334/http://www.uvasci.org/institutes-2003-2011/SCI-9-Road-Map-for-Change.pdf

・UNESCO, 2019, 'Recommendation on Open Educational Resources (OER)', https://www.unesco.org/en/legal-affairs/recommendation-open-educational-resources-oer

・UNESCO, 2022, "The ICT Competency Framework for Teachers Harnessing OER Project-Digital Skills Development for Teachers"

・科学技術・学術審議会（学術分科会研究環境基盤部会学術情報基盤作業部会）、2010「大学図書館の整備について（審議のまとめ）―変革する大学にあって求められる大学図書館像―」文部科学省 https://www.mext.go.jp/b_menu/shingi/gijyutu/gijyutu4/toushin/1301602.htm

・科学技術・学術審議会（学術分科会学術情報委員会）、2016「学術情報のオープン化の推進について（審議まとめ）」文部科学省 https://www.mext.go.jp/b_mcnu/shingi/gijyutu/gijyutu4/036/houkoku/1368803.htm

・加藤裕子、2005「特徴的主題分野における活動：リーガルライブラリー：法律研究所の図書館業務と法科大学院における研究支援」『情報の科学と技術』55 巻 9 号、pp. 375-380

・オージェリ、ジョン、2018「ラーニング・コモンズと大学図書館」『明治大学図書館情報学研究会紀要』No. 9、pp. 2-41

・諏訪部直子、2005「医学情報専門家としての医学図書館員の新しい役割」『情報の科学と技術』55 巻 9 号、pp.369-374

・全国大学生活協同組合連合会、2022『「2022 年度保護者に聞く新入生調査」概要報告』https://www.univcoop.or.jp/press/fresh/images/pdf_report2022.pdf

・竹内比呂也、國本千裕、2020「大学図書館機能の変化に対応する新しい大学図書館員の育成に関する考察」『大学図書館研究』114 (0), 2062-1-2062-12

・呑海沙織、2004「大学図書館におけるサブジェクト・ライブラリアンの可能性」『情報の科学と技術』54 (4), pp. 190-197

・ハーグリーブズ、D. H.、2000「専門的知識にみる知識の生産、普及、活用：教師と医師の比較分析」（有本昌弘訳）OECD Centre for Educational Research and Innovation ed.

　　Knowledge Management in the Learning Society.［立田慶裕監訳『知識の創造・普及・活用
　　──学習社会のナレッジ・マネジメント』明石書店、2012］
・宮部頼子、1990「米国の図書館情報学教育」『情報の科学と技術 』40 (5), pp. 312-320
・薬師院はるみ、2005「サブジェクトライブラリアンとは何か：その導入がもたらすもの」
　　『情報の科学と技術』55 巻 9 号 pp. 362-368
・山田かおり、2014「アメリカの大学図書館におけるサブジェクトライブラリアン」
　　Library and Information Science Vol. 71、pp.27-50

関連ウェブサイト
・大学図書館コンソーシアム連合 https://contents.nii.ac.jp/justice, JUSTICE
・FLEXspace (The Flexible Learning Environments eXchange) https://flexspace.org/

あとがき

　本書は、公益社団法人私学経営研究会が発行する『私学経営』誌に、2022年1月から2023年3月にかけて連載した「大学図書館のマネジメント　世界の大学に学ぶ」の13回にわたる原稿にさらに第14章を加え、各章への修正を加筆してまとめたものである（p.216の「初出一覧」参照）。

　ここに貴重な連載の機会をくださった私学経営研究会事務長の的場理江氏と原稿に多様な示唆をくださった編集部の富永妙氏に謝意を捧げたい。同研究会からは、連載をまとめて本書として刊行することの許可もいただいた。

　連載のきっかけは、日本私立大学協会が発行する『教育学術新聞』に筆者が寄稿した「大学図書館の挑戦　学術と地域をつなぐ知と文化創出の場へ」というレポートであった。この論文では、「情報と知識のテクノロジーの急速な進歩、地球の温暖化や全世界へのウイルス蔓延といった地球規模での災害の増加は、大学図書館に次々と新たな課題をもたらしている。高度な研究と教育を提供する大学に社会的貢献が期待される以上、大学図書館も大学に必要な知識と情報を収集・保存・活用ができる学術的基盤となり、優れた人材の育成を通じての社会的課題の解決が求められる」と述べた（立田、2021a）。

　とりわけ、大学図書館は、大学の教育に大きな影響力を持ち、大学卒業後の学問的スキルを習得する大学生の育成の場として、専門的・学術的な研究活動の場として、大学の学術情報の基盤となる中核的なセンターとしての役割が期待されている、と考えたのである。

　この論考を読まれた的場氏から大学図書館に関わる執筆依頼をいただき、「大学図書館のイノベーション──5つの戦略」という原稿を提出した。同論では、私立大学の課題として、デジタル社会、グローバル化、SDGs、地方創生、人生100年時代の5つに焦点を当てて、日本の大学図書館の課題を論じた。つまり、急激な社会変化への大学図書館の戦略として、次の5点について考察した

（立田、2021b）。

① ICT 技術の発展に伴う情報や書籍のデジタル化
② グローバル化による外国人学生の増加に応じた多様な言語情報の必要性
③ 地球の持続可能な発展をめざす SDGs の達成
④ 地域コミュニティの文化の保存や創造、地方創生への大学の貢献
⑤ 学び直し政策に代表される人生 100 年時代の生涯学習機関としての大学

　そして、この 2 つの論文の執筆過程で、日本の大学図書館だけではなく、世界の大学図書館がこれらの課題にどう対応しているかについての研究関心が生じ、的場氏にお願いして上記の 5 つの視点から、欧米の代表的な大学図書館の状況をまとめてみようと考えたのである。

　連載終了後に執筆した第 14 章では、20 世紀末から筆者が研究してきたナレッジマネジメント、メディア教育、地域教育の観点から、生涯学習の場としての大学図書館について考えた。しかし、本書の編集と加筆・修正を行いながら、日本と世界の大学は、そして大学図書館は、もっと大きな変革の時機を迎えようとしているのではと考えた。

　20 世紀、1981 年に改訂された「大学図書館基準」によると、「大学図書館は、大学の研究・教育に不可欠な図書館資料を効率的に収集・組織・保管し、利用者の研究・教育・学習等のための利用要求に対し、これを効果的に提供することを主要な機能とする」としている。そのために、

① 研究計画の促進や学習・教育の要求に応じる調和のとれた蔵書の計画的構築と図書館資料を収集すること
② 資料の多面的で迅速な検索のために、全国的・国際的な書誌事業の成果を活用し、整理業務の能率化・標準化を図ること
③ 効果的図書館資料の利用のための閲覧・貸出業務、参考調査業務などのサービス業務による利用者からの要求に迅速・的確に対応すること
④ たえず変化する利用者の要求をふまえ、蔵書を適切に維持管理し、利用機会を最大限に確保すること

などが、その役割として述べられている。このそれぞれの役割において、20世紀末から急速に普及したインターネットやICT技術の進歩が、大学図書館の役割に大きな変容を迫ってきたからである。

　実際、21世紀、2010年の「大学図書館の整備について（審議のまとめ）―変革する大学にあって求められる大学図書館像―」では、環境の変化に応じた大学図書館の課題として、電子化の進展と学術情報流通の変化、そして大学を巡る環境の変化を課題として挙げている。

　そこでは大学図書館に求められる機能や役割として、

　①学習支援及び教育活動への直接の関与
　②研究活動に即した支援と知の生産への貢献
　③コレクションの構築と適切なナビゲーション
　④他機関・地域との連携ならびに国際対応

が挙げられている（科学技術・学術審議会、2010、pp. 6-10）。

　大学図書館の機能変化は、その職員の専門性にも影響する。大学図書館を支える専門スタッフについて、2010年の「まとめ」では、「大学図書館職員に求められる資質・能力等」として、

　①大学図書館職員としての専門性
　②学習支援における専門性
　③教育への関与における専門性
　④研究支援における専門性

が重要であるとしている（同上、pp. 17-18）。

　大学図書館のデジタル化の問題については、2009年の科学技術・学術審議会学術分科会研究環境基盤部会学術情報基盤作業部会「大学図書館の整備及び学術情報流通の在り方について」の報告が参考となる。そこでは、電子ジャーナルの効率的な整備と、オープンアクセスや機関リポジトリなどの学術情報発信・流通の推進が重要な課題であるとした。

日本の大学図書館の専門的文献として、逸村裕や竹内比呂也らの『変わりゆく大学図書館』をみると、第Ⅱ部「新しい機能とサービス」では、大学図書館と情報リテラシー教育、図書館ポータル、メタデータ・データベースの構築、メタデータ活用サービス、機関リポジトリ、デジタル・レファレンスの特性と課題、電子ジャーナル、電子図書が新たなサービスや機能の問題がさらに詳細に論じられている（逸村裕、竹内比呂也、2005）。もとより、筆者は、逸村裕らのように図書館学の専門的な視点から各大学図書館の詳細を述べることはできていない。また、本書では特に学術図書館と研究図書館を区別して取り扱ってもいないという問題もある。

　しかし、本書は、このような日本の大学図書館研究を参考としつつも、世界の、特に欧米の大学図書館についての動向を紹介しようとするものであり、各章には、今後さらに研究されるべき多くの課題が残されていることはいうまでもない。

　日本の教育振興基本計画でとりあげられているデジタル化についていえば、デジタル・スカラシップ、生成系AI、ジャスト・イン・タイムラーニング、そして世界の大学図書館のネットワークなどの課題がある。

　ジャスト・イン・タイムラーニングとは、能動的な学習者が世界の情報源から知識や情報を直接、必要なときに（ジャスト・イン・タイム）だけ探し出し、教師や学校、出版社、図書館が介在しない学習を意味する。意味や情報さえわかれば、その背景の体系化された知識は不要という視点をもつ。

　大学生のウェルビーイングについては、いくつかの大学でそのためのサービスを大学図書館が提供していた。

　学習と研究のテクノロジーの進歩は、さらに大学図書館の新たな動向をもたらしていくことは間違いない。

　本書では、欧米の一部の大学図書館しかとりあげることができなかったが、アジアやアフリカ、南米を含めた世界各国の大学図書館を訪問していただければ、きっと読者自身がさらに多くの発見をなされることだろう。

　最後に、本書刊行の機会を与えてくださった明石書店の安田伸氏、そして丁寧な編集作業と各章の図書館について素敵な写真を選択し加えてくださった田島俊之氏に心からのお礼を申し上げたい。また、大学図書館や読書教育をはじ

め、筆者の長年の研究活動にあたっていつもご協力いただいた国立教育政策研究所教育図書館の鈴木由美子司書はじめスタッフの方々にここに改めて感謝したい。

2024 年 4 月

立田慶裕

参考文献

・立田慶裕、2021a「大学図書館の挑戦 学術と地域繋ぐ知と文化創出の場へ」『教育学術新聞』2021 年 3 月 17 日（2835 号）
・立田慶裕、2021b「大学図書館のイノベーション――5 つの戦略」『私学経営』No. 559、pp. 32-42、私学経営研究会
・逸村裕、竹内比呂也編、2005『変わりゆく大学図書館』勁草書房
・科学技術・学術審議会（学術分科会 研究環境基盤部会 学術情報基盤作業部会）、2010「大学図書館の整備について（審議のまとめ）―変革する大学にあって求められる大学図書館像―」文部科学省 https://www.mext.go.jp/b_menu/shingi/gijyutu/gijyutu4/toushin/1301602.htm（2023 年 6 月 30 日取得）
・Riel, M., 2000, "Education in the 21st Century: Just-in-Time Learning or Learning Communities", Emirates Center for Strategic Studies and Research (Ed.) *Education and the Arab World: Challenges of the next millennium*. Abu Dhabi: Emirates Center for Strategic Studies and Research, pp. 137-160

初出一覧

第 1 章〜第 13 章　『私学経営』連載「大学図書館のマネジメント——世界の大学に学ぶ」

「第 1 回　変貌する世界の大学図書館ネットワーク」『私学経営』No. 563, pp. 49-58, 2022 年 1 月

「第 2 回　オックスフォード大学の図書館」『私学経営』No. 564, pp. 60-67, 2022 年 2 月

「第 3 回　ケンブリッジ大学の図書館」『私学経営』No. 566, pp. 46-55, 2022 年 4 月

「第 4 回　マンチェスター大学の図書館」『私学経営』No. 567, pp. 38-46, 2022 年 5 月

「第 5 回　ソルボンヌ大学の図書館——オープン・サイエンスへの挑戦」『私学経営』No. 568, pp. 28-35, 2022 年 6 月

「第 6 回　MIT の図書館——学士課程の研究を支える専門司書」『私学経営』No. 570, pp. 40-48, 2022 年 8 月

「第 7 回　ブリティッシュ・コロンビア大学の図書館——変容的学習の実践」『私学経営』No. 571, pp. 43-50, 2022 年 9 月

「第 8 回　図書館のデジタルシフト——ユニヴァーシティ・カレッジ・ロンドン」『私学経営』No. 572, pp. 54-61, 2022 年 10 月

「第 9 回　スタンフォード大学の図書館——図書館の物語」『私学経営』No. 573, pp. 45-53, 2022 年 11 月

「第 10 回　シェフィールド大学の図書館——総合的なコンテンツ戦略」『私学経営』No. 574, pp. 21-28, 2022 年 12 月

「第 11 回　ハーバード大学の図書館——知のコミュニティ」『私学経営』No. 575, pp. 33-41, 2023 年 1 月

「第 12 回　ワシントン大学の図書館——図書館とキャリアサービス」『私学経営』No. 576, pp. 33-39, 2023 年 2 月

「第 13 回　世界の大学図書館——知識の保存から創造と普及へ」『私学経営』No. 577, pp. 24-32, 2023 年 3 月

第 14 章　書き下ろし

索引

執筆者紹介

立田慶裕（たつた・よしひろ）

国立教育政策研究所名誉所員。大阪大学人間科学部助手、東海大学助教授、国立教育政策研究所を経て、神戸学院大学教授を 2024 年に退職。専門は生涯学習論、教育社会学、社会教育学。おもな著訳書に、『学習の環境——イノベーティブな実践に向けて』（監訳、明石書店、2023）、『読書教育のすすめ——学校図書館と人間形成』（編著、学文社、2023）、『生涯学習の新たな動向と課題』（放送大学教育振興会、2018）、『キー・コンピテンシーの実践——学び続ける教師のために』（明石書店、2014）、『学習の本質——研究の活用から実践へ』（監訳、明石書店、2013）などがある。

世界の大学図書館
　　——知の宝庫を訪ねて

2024 年 6 月 10 日　初　版　第 1 刷発行

　　　　　著　　　者　立　田　慶　裕
　　　　　発　行　者　大　江　道　雅
　　　　　発　行　所　株式会社　明石書店
　　　〒 101-0021 東京都千代田区外神田 6-9-5
　　　　　　　　　　電話　03（5818）1171
　　　　　　　　　　FAX　03（5818）1174
　　　　　　　　　　振替　00100-7-24505
　　　　　　　　　　https://www.akashi.co.jp/
　　　　　装丁　　　　明石書店デザイン室
　　　　　印刷／製本　モリモト印刷株式会社
（定価はカバーに表示してあります）　　　ISBN978-4-7503-5784-3